U0073153

天使數字

來自天使的
背後訊息與涵義

Kyle Gray
凱爾・葛雷

Angel
Numbers

The Message and Meaning Behind 11:11
and Other Number Sequences

推薦短語

感受到天使的存有，是從很小的時候就有許多經驗與感應，尤其對於忽然飄落於眼前的羽毛更是讓我無法自拔的收藏成冊，深深地相信這就是天使翅膀掉落的羽毛，每每撿到一根羽毛都會帶來一個幸運的好消息，或許如此的深信天使的存在，不論是時間、車牌、掛號⋯⋯等等，都會瞬間讓我發現天使數字，因此，只要您能相信天使的存有，天使將會時時刻刻展現於生活周遭守護著您，用那暖心的天使數字提醒著我們該前往何方，若您無法理解這些天使數字的意涵，這本書將是您最美好的選擇，記得下次見到飄落的羽毛，請溫柔地將幸運收藏起來！

—— So Good 塔羅牌館 Ricky Otis

當收到「天使數字」這主題的邀請時，我知道天使力量確實與我同在。我算是半麻瓜，雖然不是靈媒，但我確實在翻譯《力量》時因提到留意「祕密象徵物」，開始把「連號數字」設定為其中一項，這段時間也很頻繁在路上看到連三、連四重複數字的車牌，那其實是我和宇宙溝通的通關密碼，甚至在社團也吸引了一些讀者和我一起記錄天使的足跡。

凱爾·葛雷這位靈媒、靈性導師透過療癒的文字，讓我感受到就算身處風暴，仍有被天使羽翼保護、承接的溫柔，不只一起慶祝迎接每一次的勝利，也可以在每一次試飛不小心跌落時再次被扶搖而上，一起承風飛翔。

—— 《祕密》系列譯者 王莉莉

這是一本溫柔的書，將數字能量翻譯成與心貼近的文字，在任何情況下都能撫慰人心。

—— 占星師 米薩小姐

國外好評推薦

「凱爾・葛雷是才華出眾的靈媒與靈性導師。無論是剛開始探索靈性的新世代，或是已經踏上靈性道途的人，都能從他身上獲益良多。」

—— 紐約時報暢銷書《The Universe Has Your Back》、《Miracles Now》作者、新時代靈性運動領袖嘉柏麗・伯恩斯坦（Gabrielle Bernstein）

「在《Woman's World》的每週專欄裡，凱爾・葛雷幫助讀者了解天使帶給他們的神聖訊息。在《天使數字》這本書裡，凱爾用同樣直白、簡潔的文字，帶領我們探索生活中反覆出現的數字序列，揭開天使藏在裡頭的訊息。這是一本充滿驚奇、啟發人心，甚至能改變一生的好書！」

—— 女性生活雜誌《Woman's World》

「凱爾・葛雷具有可貴的靈性天賦，是全球數一數二的天使溝通師。我看過他從事天使工作，他自然不造作、展現通達的靈性智慧，以及深刻的慈悲心。我非常推薦凱爾以及他的所有著作！」

—— 國際暢銷神諭卡專家柯蕾特・拜倫里德（Colette Baron-Reid）

「這本書讓我全身起雞皮疙瘩！凱爾・葛雷是時下最潮、最紅的靈媒，他用充滿溫柔關愛、直白易懂的文字，帶我們理解天使的智慧。他美妙的靈性天賦絕非三言兩語能形容。」

—— 《Mary Magdalene Revealed》作者梅根・沃特森（Meggan Watterson）

「我非常喜歡凱爾・葛雷。他能幫助你發現內心蓄積已久的一切，引導你敞開心胸，接受早已圍繞身邊的關愛支持，並溫柔釋放你不再需要的一切。」

—— 《Light is the New Black》、《Rise Sister Rise》作者
芮貝卡・坎貝爾（Rebecca Campbell）

「凱爾・葛雷改變了許多人的生命。」

—— 英國日報《The Sun》

「凱爾・葛雷現在是全英國享譽盛名的天使牌卡解讀師。」

—— 英國心理學雜誌《Psychologies》

「凱爾・葛雷是一位天賦異稟、自然真誠的通靈師。我認為他的見解非常正確。他與靈性的連結更是驚為天人。」

—— 暢銷書《How Your Mind Can Heal Your Body》作者
大衛・漢密爾頓博士（David R. Hamilton PhD）

「凱爾・葛雷是業界的一流專家。」

—— 英國靈性占卜雜誌《Spirit & Destiny》

「你會感覺被凱爾暖心的文字，和你身旁的天使柔柔接住，祂們會與你一起慶祝每一個突破。」

—— 暢銷書《Mind Calm》作者珊蒂・紐比金
（Sandy C. Newbigging）

「當今最炙手可熱的靈性大師！」

—— 英國暢銷生命教練雜誌《Soul & Spirit》

其他作品

書籍

《Angel Prayers》

《與天使連結：如何看見、聽見和感覺你的天使》

《Light Warrior》

《脈輪調頻》

《Wings of Forgiveness》

《Angels Whisper in My Ear》

有聲書

《Light Warrior》

《Raise Your Vibration》

《Angel Prayer Meditations》

神諭卡

天使與祖靈神諭卡

光之守護者神諭卡

天使祈禱神諭卡

線上課程

天使指引認證課程

與天使連結

親愛的天使，謝謝你們讓世界感受到
你們的存在。

目錄

引言

　　世界上真的有天使。也許你已經知道了，但我還是必須在開頭點出這件事。數千年來，這些神性化身不斷向世人透露祂們存在的訊息。

　　自古以來，世界各地都有神靈崇拜的文化，人們相信這些神聖的存有（divine being）能連接不同界域，幫助自己應付日常生活與各種疑難雜症，也能在靈魂準備放返回靈界時，為它們指引明路。原住民族將這些神靈刻畫在洞穴石壁上，在他們眼裡，天使有一張煥發聖光的大臉，一雙大大的眼睛，而且頭頂上有一圈光環；在現今日本的神道教裡，「神」是聖恩無限、慈悲為懷的神明，據說能在空中移動，彷彿「長了翅膀」一樣。這些神靈是自然之力的化身，能幫助呼求祂們的眾生；藏傳佛教也有類似的神明，稱為「菩薩」（bodhisattva）。菩薩有無量慈悲心，發願救度所有呼喚自己的眾生，幫助世人從苦海解脫，心無罣礙恐懼。紐約哥倫比亞大學

教授羅伯特・瑟曼（Robert Thurman）專精印度與藏傳佛教研究，他認為佛教菩薩的概念與西方的「大天使」（Archangel）相對應。

這種愛與光的力量化身，幾乎存在所有靈性傳統和宗教信仰裡，只是展現的形式不同而已。在印度，有些神明具有動物的臉孔、鳥的翅膀，以及人的形體。在《希伯來聖經》裡，先知以西結（Ezekiel）曾在異象中看到一個天使般的生物，這個「天使」擁有四張臉，分別是人、牛、獅與鷹。這種超自然的存有後來被稱為「火之球體」（spheres of fire，也就是今天所說的「天體」），以及「燃著火光的一群」（the Burning Ones），可能是因為當時的人類沒有電力照明，唯一能用來產生光的工具是火。

從古至今，天使出現在世界各個角落的方式，總是完美配合當時人類的知識、經驗、認知與信仰。雖然目前沒有明確的科學證據能證明天使存在，社會學研究指出早在遠端通訊技術問世之前，這種對神聖信使的信仰已經在全球遍地開花，人類相信天使的存在，認為祂們能穿梭於靈界不同維度。

而今，世人對天使的信仰越來越堅定。在一項2016年針對2,000名英國人的調查中，三分之一的人相信天使確實存在，十人中就有一人認為自己曾經遇到天

使；近期美國民調更顯示十個美國人裡，就有八個相信世界上有天使，實在太振奮人心了！

我們很多人感應、接收到的，只能以來自天堂的徵兆和訊息解釋，這其實不奇怪，因為天使想讓我們知道：祂們就在你我身邊，支持著我們。

一部分的天使訊息會透過數字顯現。幾千年來，數字一直被視為吉祥的象徵，也是了解宇宙的媒介。古希臘哲學家畢達哥拉斯（Pythagoras）相信數字帶有振動能量，能對應不同音符的振動頻率。他更創造了一套系統，只要根據一個人姓名、生日與出生地的數字組合，就能得知這個人的內在性格與外在行為。這套系統被稱為「畢達哥拉斯靈數學」（Pythagorean Numerology，又稱占數術）。

把時間拉回今日，現代的生命靈數看的主要是姓名以及出生日代表的數字，分別用來計算命運數（destiny number）和生命歷程數字（life path number）。從這些數字透露的訊息，我們能了解自己為何對於某件事特別投入，為什麼有些人格特質的表現更明顯，以及自己這一生可能遭遇的挑戰等。

這本書裡的天使數字和「解碼對照表」（Key Codex），也許和畢達哥拉斯靈數學想傳達的理念和訊息雷同，但書裡每一個天使數字的訊息，並不是透過算

式得出,而是神性啟發、降示的結果。

藉由這本書傳達的資訊,你可以將天使數字與生命靈數結合,用更深刻的靈性觀點詮釋你靈魂的天命,了解天使會如何幫助你開展人生的旅程。

我過去十六年來長期鑽研靈性,也花了很多時間探索數字背後的真正意義。我研究塔羅牌與西方神祕學傳統的多年經驗,對我最終的心得有深遠影響。開始寫這本書的時候,我也花了很多時間冥想,邀請天使告訴我特定數字的訊息與振動頻率,這讓我能更精準解讀數字的涵義,並透過本書呈現給大家。

現今的科學家透過數字與公式計算,試圖理解宇宙系統,以及地球如何在宇宙中運作,也難怪天使——這群宇宙最美好的信使——會透過數字向我們傳達天堂的訊息。

舉例來說,你很可能在生活中經常看到同樣的數字序列,也許是車牌上的數字、發票號碼、航班編號,或是你的電話號碼等。這些數字可不只是數字,而是天使數字,是來自天使的訊息與呼喚。

我們現在生活在由數字組成的「數位世界」裡,天使當然也能以數字來跟我們溝通,其中一個管道就是數字時鐘上的數字,例如11:11。

看見11：11

我念中學的時候，第一次注意到11：11不斷出現在生活中。那時的我剛得到第一支手機，我記得當我不經意瞄向手機，總會一次又一次看到這組數字。我以為自己心智錯亂，或是出現幻覺，甚至是在特定時刻下意識地看手機，但是接下來發生的事證明了一切都是真的：我跟我的母親、幾個朋友分享這件事，結果他們跟我在一起時，也開始頻繁看到11：11。其他數字序列也常反覆出現，而且不只是在手機上。我和家人到超市買東西時，結帳金額會剛好是11.11英鎊，我們去喝下午茶，點完咖啡和蛋糕時，金額共是4.44英鎊。不管我到了哪裡，都是同樣的情況。

那時的我對靈性還一知半解，不過我花了一些時間禱告，問天使到底發生了什麼事。我記得自己說：「親愛的天使，如果是你們讓這些數字出現，可不可以讓我一天看見這些數字三次，讓我知道你們想帶給我某種訊息。」同樣的數字組合持續出現，我知道天使**真的**在傳遞訊息給我。

但是，這些訊息有什麼意思？我完全不知道。我當時用谷歌搜尋「11：11的意思」，找到了幾種解釋。很多人說看到這些數字時，應該把握機會「許願」或「設定意圖」（intention）。有些人則說，11：11是天使

在鼓勵我們將意念提升至最高的振動頻率。每當谷歌沒辦法提供明確的解答時，我總會做一件事：冥想。

記得那次冥想時，我說了簡單的禱告：「親愛的天使，謝謝你們向我顯現11：11，讓我知道這背後表示的訊息。」那一瞬間，許多畫面和場景像電影片段一樣，從我眼前閃過，包含耶穌與佛陀的畫面，我還聽到「我們都是一體」這句話。我的靈視並沒有就此停住，我還看到穆斯林朋友向聖城麥加朝拜，又一次聽到「我們都是一體」的聲音。接著，我看到雷鬼樂傳奇歌手巴布·馬利（Bob Marley）唱著經典歌曲〈One Love〉的畫面，當下被萬物合一的感覺充滿。我與天使合一，與揚升大師合一，也與神合一！

因此，「11：11」是世代以來，人類一而再、再而三接收到的訊息，提醒了我們：大家都是一體。這個創造宇宙、化育萬物的能量場，與我們的生命緊密交織、互相連結。

但11：11的涵義遠不只這樣。對我來說，這個反覆出現的訊息，不只是為了表達「你與一切萬有合一」而已。11：11也是一種**行動呼籲**（call to action），彷彿來自宇宙／神（兩者對我來說是一樣的）的邀請，要我們用心去體會，了解宇宙的力量與光就在我們身上。耶穌曾說：「神的國（天堂）就在你們心中」。如果宇宙的

力量和光就在我們心裡，我們在生命中做的選擇，就會影響這股能量。因此，11：11是一種呼喚，請我們將自己，將內心的意圖、外在的行為提升至最高的振動頻率。這也是身為光行者（lightworker）或地球天使（Earth angel）的真諦。

天使永遠都有答案

藉由這次冥想，天使又一次為我解惑，祂們總是會有答案。正如宇宙的力量常存每個人心中，天使也時常與我們相伴。我相信每個人身邊隨時都有至少兩位天使。一位是陪伴我們度過生生世世的守護天使，另外也至少還有一位天使。根據我們所在的人生階段、正在追求的目標，或是處理的靈性課題，不同天使會在不同時刻來到我們的生命中。無論我們在哪裡，天使總是陪伴在我們身邊，隨時樂於提供指引、支持。不過，祂們永遠依照神聖律法（divine law）做事，因此，沒有我們的允許，祂們通常不會主動介入我們的生活或擅自提供協助。

只有在一種情況下，天使就算沒有我們的同意，也能以我們的名義干預，我將這種情況稱為「恩典時刻」（moments of Grace）。例如可能讓我們偏離至善（highest good）或真理的情況，或是當我們投入了今生的使命，卻在未完成時陷入生死交關的險境。在這些時刻，天使會前來相助，施予救命之恩。

我們當然不用到鬼門關前走一遭，才能獲得天使的幫助。當我們祈求天使指引時，祂們一定有所回應，只是我們大多聽不到。這是因為我們多年來都沒有聆聽內心的習慣，更遑論用心聆聽他人了。我們也忽視了來自

內心深處的指引。其實，我們有多願意傾聽，天使的聲音就有多嘹亮；我們若願意睜開雙眼，天使自然會現身。因為就如我前面提到的，天使現在會透過數位媒體，向我們傳達訊息，提醒世人祂們的存在。

　　我也在其他著作中提過這些數字序列，尤其是《脈輪調頻》，寫那本書的初衷，正是因為我經常看到11：11和22：22的數字組合。而我現在已經請天使協助，帶領我深入了解重複數字序列背後的訊息與涵義，讓我能化為文字，與更多人分享，也幫助你揭開這些數字的面紗，探索天使想跟你說的話，以及領受天使對於你的問題和禱告的回應。

如何使用本書作為指引

在這本書裡，我首先探討數字時鐘（例如電腦或手機的時間顯示）上的四位數序列，接著從0到999，針對每一組數字提供解讀。

如果你找不到自己常看到的數字序列，建議你把數字拆成二到三組，接著分別查找每一組的天使訊息，之後組合起來。舉個例子，如果你三天兩頭就看到「67891」這組數字，可以分別查看67、89和1代表的訊息，之後拼湊起來，得到完整的天使訊息。

如果你好奇的話，以下是各個數字的涵義：

◇　67：你的意念正在導引生活中的能量流動與支持力量。花點時間重整，與能幫助你擴展的意念連結。
◇　89：你觸及了最真的自我。珍惜這份可貴的連結。
◇　1：內在的宇宙生命力希望你覺察、注意它的存在。

這是多麼發人深省的訊息。我希望這本書的所有訊息都能帶給你啟發。在閱讀的過程中，你會發現許多數字的訊息都不同，但也有不少數字帶有類似旨意。原因在於這些數字序列代表人生旅程的不同面向，但都扣合相似的主題。

隨著你展開自己獨特的旅程，也許會遇到不同的數字組合。例如，你也許一開始會看到332，接著是334。332的訊息是：「你的人際關係正在進入成長階段，為你帶來滿足與喜悅。」334的訊息則是：「你的導師和天使正在你身旁飛舞，提供神聖的愛與守護。」因此，這兩個數字可能表示你正在邁向幸福的路上前進。

你也能運用天使給我的解碼金鑰，自行解讀生活中看見的天使數字。（**見第12頁天使數字解碼對照表**）

舉例來說，如果你時常看到123這個組合，背後的訊息是你連結了愛的能量頻率，你的旅程正在拓展。不妨用你常見的數字序列試試看吧！

天使數字解碼對照表

0：新的開始、逐漸開啟的門、神（God）。

1：自我、一體（oneness）、高我、宇宙連結。

2：合一（union）、與他人連結、與愛的頻率
連結。

3：開展、更高層次的力量（higher power）、
靈性上師（Masters）。

4：天使、溝通、持續擴展的禮物。

5：改變、努力、必須投入行動與付出。

6：平衡、必須設定意圖、謹慎。

7：魔法、顯化、神性啟示。

8：旅程、成長、靈性課題。

9：自我主宰（self-mastery）、與高我合一、
神聖女性（divine feminine）。

作為神諭

　　你手裡的這本書也是一本神諭書。當你需要指引或支持時，可以請天使聆聽，並透過這本書傳達訊息。方法非常簡單，你只要花點時間冥想、靜思，用深長的呼吸讓自己安穩接地，之後說一句簡單的祈禱語，例如：

　　　　「親愛的神、聖靈與天使，
　　謝謝你們今天透過這些數字和這本書，
　　　　告訴我這個重要的訊息。」

　　然後，憑直覺翻開書的某一頁，全心相信你看見的第一個數字序列，就是你需要的訊息。

　　你可以現在就試試看，或者瞄一下數字時鐘，然後繼續往下讀，找出它們的涵義……。

數位時鐘的數字訊息

以下是你常會在數字時鐘上看到的數字序列，以及它們隱含的天使訊息，你當然也可能在其他地方看過這些數字。（如果你想了解的數字序列並不是數字時鐘上的時間，請參考第 12 頁的「天使數字解碼對照表」找出天使想給你的訊息。）

重複二位及三位數字

在時鐘上看到重複的二位和三位數字時，其實是天使在**呼喊**你，希望引起你的注意。這些數字序列揭示了你目前的能量振動狀態，以及你的旅程將如何發展。

重複二位數字

★ 00：00 ★

　　神與你同在，並支持你做出必要的行動，幫助自己成長。

★ 01：01 ★

　　神已經來到身邊，帶給你支持和安全感，並幫助你與自己的意圖和努力連結。

★ 02：02 ★

　　神和天使正在引導你秉持開放的心胸、心態與能量，接受身旁的人給予的支持。

★ 03：03 ★

神與揚升大師正在向你靠近，準備支持你深入了解你的靈魂、擴展你的旅程。

★ 04：04 ★

神和天使支持你展現真實的自己，與全世界分享你的天賦與自我。

★ 05：05 ★

要知道，神正在幫助你解決所有物質與財務上的需求。誠心請求，當能獲得。

✦ 06：06 ✦

神和天使正在引導你在生活中騰出空間，讓能量獲得修復、回歸平衡。

✦ 07：07 ✦

神派了眾多天使和魔法守護靈到你身旁，幫助你駕馭自身力量，來創造、享受你應得的美好人生。

✦ 08：08 ✦

請相信神正在引導你與神聖計畫（divine plan）結合，這個計畫將你的意圖考量在內，也為你靈魂的擴展做了最好的安排。

★ 09：09 ★

神正在引導你前往內心深處，揭開自己較為脆弱的一面。這能幫助你敞開自我，讓奇蹟與光流入心中！

★ 10：10 ★

奇蹟時刻即將到來。請相信神和天使與你共為一體，此刻也與你同在。

★ 11：11 ★

你與神、天使和揚升大師合而為一。讓你的意念與至上的美善和真理相互結合，將愛帶到這個世界。

★ 12：12 ★

你擁有將療癒和光帶給這世界的力量。看看你的意圖和行為所產生的影響，它們就是最好的證據。

★ 13：13 ★

教導別人也是一種學習。你目前的情況有許多值得學習的地方。好好留意你所療癒的一切，因為你的作為將啟發他人，鼓勵大家為世界帶來療癒。

★ 14：14 ★

你的天使正給你滿滿的支持，幫助你重新找回被遺忘的天賦，或是過去被壓抑的自我特質。

★ 15 : 15 ★

要知道，你現在所做的改變是必要的。唯有如此，你才能成長。請相信你創造的空間，會吸引未來的豐盛。

★ 16 : 16 ★

花點時間找到生活的平衡。宇宙鼓勵你放慢腳步，先仔細思考你的意圖，再繼續往前進。

★ 17 : 17 ★

你將充滿魔法能量！你一直以來的擔憂、遭遇的阻礙，現在都被釋放了，你能放心將夢想化為現實。

★ 18：18 ★

你準備踏上改變一生的旅程。你會從中得到滿滿的收穫與美好體驗。相信這個過程吧！

★ 19：19 ★

宇宙邀請你與自己心中和身旁的神聖女性能量連結。接受神性之母／女性療癒的能量吧！

★ 20：20 ★

你得到了深化與他人連結的機會。無論是個人生活或職場，原諒與慈悲的能量都圍繞著你與他人的互動。

★ 21：21 ★

　　別忘了，對方其實也是你。你與世界本為一體，而你對他人懷抱的意圖，也是你給自己的意圖。提升你意念的層次吧！

★ 22：22 ★

　　你擁有照亮世界的力量與天賦。專注在至善上。你生來注定是一顆閃耀的星。

★ 23：23 ★

　　你追求成長、為世界帶來正向轉變的努力，正在開花結果。天使希望你知道，在地球上，你也是天使的一員。

重複三位數字

★ 1：11 ★

你的意念和意圖此刻都被放大了。專注在你愛的事物上，而不是你的恐懼。

★ 2：22 ★

你的天賦正在為你創造擴展的機會。記得敞開心胸，把握能讓你實踐人生目標的機會。

★ 3：33 ★

所有歷史上偉大的靈性導師此刻都在引導你。這些揚升大師正在幫助你發展天賦。

✹ 4：44 ✹

你的守護天使希望你知道，祂們此刻與你同在。你的祈禱字字句句都被聽見了。心懷信念。

✹ 5：55 ✹

你的一切努力正在開花結果。要知道，宇宙和你的天使正在支持你創造、活出豐盛的人生。

迴文數字

迴文數字指的是左右排列對稱，有如鏡像的數字序列。背後的訊息通常是請你反思目前的情況，才能連結支持自己成長的力量。

★ 12：21 ★

你擁有支持和引導他人的能力，但天使想提醒你在身為光行者的旅程上，別讓自己太過勞累，或忘了照顧自己。

★ 13：31 ★

宇宙邀請你檢視目前的狀況，重新評估身旁有哪些學習和成長的機會。

✦ 14：41 ✦

你的天使正在與你溝通，但你並未加以聆聽。務必明白，天使發出的訊息，永遠是為了你的至善。即使這些訊息看似與你的計畫相牴觸，卻都配合著神的計畫。

✦ 15：51 ✦

你的天使鼓勵你要勇敢、要堅強。你必須知道哪些地方需要改變，才能對準生命意義和豐盛的能量。

連續數字

連續數字是等差遞增的數字序列。看見這種數字組合時，代表天使對你予以肯定，知道你持續提升自我、在人生道路上不斷前進。祂們看到你順利提高了振動頻率，踏上了揚升的旅程。

★ 12：34 ★

你在靈性階梯上不斷爬升。你的天使看見了你的意圖、你追求成長的努力。要知道祂們正在鼓勵你、支持著你。

★ 1：23 ★

你揚升了一步。先前你經歷過的一切挑戰都能得到釋放，揚升天使時常伴隨你的左右。

★ 2：34 ★

你的人際關係正在發展茁壯。要知道，你眼前出現了許多愛人與被愛的機會，這是前所未有的難得時刻。你的天使正在身旁雀躍飛舞。

★ 3：45 ★

揚升大師已來到你和你的指導靈身邊，幫助你提升靈性連結。相信此刻心中的感受，它們是你禱告的解答。

★ 4：56 ★

天使希望你明白，看到你對追求靈性成長如此投入，祂們非常高興。現階段的你會有加速成長的感覺。

天使數字0－999

★ 0 ★

神就在身邊。你永遠不是孤單一人。

★ 1 ★

內在的宇宙生命力此刻正在呼喚你，希望得到你的注意。

★ 2 ★

眼前出現了連結與合一的機會。你的關係將進一步成長。

★ 3 ★

你走在成長與擴展的康莊大道上。眼前的路在最完美的時刻展開。

★ 4 ★

讓真我作為你的老師。相信你的所有感覺，讓喜悅引領你前行。

★ 5 ★

豐盛是一種心態。當你在靈性層次感到富足，你的物質生活也會變得富足。

★ 6 ★

花點時間排除阻礙你獲得快樂的一切。追尋讓你的心雀躍飛舞的事物。

★ 7 ★

魔法的能量圍繞著你。讓你的意念提升到最高的振動頻率。

★ 8 ★

某種週期或模式正在不斷循環，好讓你了解背後的生命課題。花點時間反思。

★ 9 ★

神性能量正在你心中覺醒。讓你的靈魂帶領一切。

★ 10 ★

你正在與神的能量合一。相信你看見的徵兆是神性親自傳達的訊息。

★ 11 ★

你進入了擴展的空間，也越來越了解真實的自己。要知道，你生來注定要照亮世界。

★ 12 ★

所有關係都需要用心經營。此刻的你開始找到知己和夥伴，甚至逐漸了解靈魂伴侶的真諦。

★ 13 ★

請相信你選擇的路會在最剛好的時刻展開，幫助你持續成長。

★ 14 ★

天使鼓勵你花時間傾聽祂們的訊息。別忘了，你有多願意聆聽，天使的聲音就有多嘹亮。

★ 15 ★

你經常轉變的意念正在改變人生的方向。將覺知和能量聚焦在對你有幫助的意念上。

★ 16 ★

宇宙邀請你做出更好的選擇，邁向能帶來喜悅和生命意義的經驗。勇於放下，堅定前行。

✦ 17 ✦

一扇門關上之後，另一扇會接著大開。天使就在你身旁，引導你懷抱正向的意念。

✦ 18 ✦

你的天使鼓勵你檢視過去的經驗，才能了解目前的處境，發掘其中的生命課題。

✦ 19 ✦

展現自身力量並沒有關係。天堂正在引領你主導目前的狀況。

★ 20 ★

你的天使正在恭喜你往成長和擴展邁進。你與你靈魂的連結現在更緊密了。

★ 21 ★

你和宇宙之間有著非常強烈的連結，你正在領受滿滿的啟發和指引。敞開心胸，用心覺察。

★ 22 ★

你來到了旅程的關鍵階段，你會因此了解能支持你成長的關係與靈性功課。

★ 23 ★

揚升大師正在引導你前進。請相信你踏上的道路與你目前的狀況完美配合。

★ 24 ★

天使正以和諧之光照耀你和你的人際關係。所有衝突此刻都被化解了。

★ 25 ★

天使希望你相信,你的一切努力和付出最後都有收穫。你很快就能享受用心耕耘帶來的甜美果實。

✦ 26 ✦

務必與能讓自己快樂的人在一起。遠離任何讓你感覺渺小、不足的人。

✦ 27 ✦

宇宙正在向你顯現徵兆，表達你的禱告被聽見了。請相信神的安排會在適合的時刻發生。

✦ 28 ✦

你的天使想跟你擊掌！因為祂們看見了你想成為照亮世界的光的決心。勇敢面對恐懼的你很棒喔！

✦ 29 ✦

女神和神性之母（Divine Mother）的強大能量正環繞著你。你被無限的愛與慈悲包圍。

✦ 30 ✦

你來到這世上是有原因的。要知道，你的幸福有一個使命；你的快樂能幫助世界。

✦ 31 ✦

聖者與上師正努力顯化你的祈禱和意圖。要知道祂們正在盡全力協助你。

★ 32 ★

你和自己、和他人的關係，都有天使和指導靈一直守護著。呼求祂們提供你需要的協助，永遠別擔心自己要求太多。

★ 33 ★

揚升大師耶穌和祂的天使都在你身邊。這是尋求成長與療癒的神聖時刻。

★ 34 ★

你正在和宇宙上師連結，祂們給你的靈感和啟發將引導你繼續未來的旅程。相信你的感受吧！

★ 35 ★

你的天使和指導靈已經準備好支持你做出需要的改變，活出更自在的自己。

★ 36 ★

你的生活中出現了新機會，能幫助你更投入現在的工作、創造更多豐盛。你的指導靈也準備好給予支持。

★ 37 ★

顯化上師已經來到你身邊，幫助你開創夢寐以求的人生。

✴ 38 ✴

你正在發掘超越今生的前世記憶——你現在有興趣的靈性領域，與前世的經驗密切相關。

✴ 39 ✴

你內在的神聖女性想跟你說聲感謝，謝謝你聆聽自己靈魂的聲音。

✴ 40 ✴

神和天使此刻都在你身旁。放下心中的恐懼吧！

✱ 41 ✱

你的天使鼓勵你擁抱自己的天賦，並知道自己值得擁有。

✱ 42 ✱

天使正在溫柔地引導你表達情緒。表露最真實、最完整的自己吧！

✱ 43 ✱

天使、你愛的人，以及能幫助你的指導靈和上師，此刻都在你的身邊。要知道，只要心念一轉，幫助自然會來。

✴ 44 ✴

你的守護天使將慈愛與保護化為披風，柔柔包裹住你。你現在是安全的。

✴ 45 ✴

大天使麥可（Archangel Michael）和其他大天使現在都來到你身旁，準備助你一臂之力。

✴ 46 ✴

你正處於能量轉變的過渡期，相信大天使在一旁支持著你。

✦ 47 ✦

顯化天使正在幫助你調整能量與意念的頻率，讓祂們為你帶來最大的效益。

✦ 48 ✦

生命意義的天使已經來到身邊，準備幫助你體悟生命的真諦與意義，進而活出充滿喜悅的人生。

✦ 49 ✦

天使正在幫助你擁抱此刻內心升起的情緒。你的情緒是心靈的信使。

★ 50 ★

強大又豐盛的能量正圍繞著你。放大思考格局，專注在這巨大能量上。

★ 51 ★

克服阻礙需要的一切，都在你身上了。這是勇敢面對恐懼、追求成長的時刻。

★ 52 ★

讓人難受的對話會帶你找到穩定與理解的力量。保持開放的心態，勇於聽見真相。

✦ 53 ✦

宇宙從來不會與你作對，而是永遠為你著想。相信神會為你做出最好的安排。

✦ 54 ✦

你的天使鼓勵你進入臣服的空間，好讓祂們幫助你前進。

✦ 55 ✦

你的財務和豐盛狀態出現了大幅轉變。要知道振翅高飛的機會即將來臨。

✷ 56 ✷

花點時間思考，你能為了領受先給予什麼。能量永遠會以交換的形式流動。

✷ 57 ✷

信念能創造顯化。想像你所祈求的已經在你手中……已經在生活中實現。

✷ 58 ✷

旅程中的障礙正在被排除。要知道最壞的情況已經過去。

✦ 59 ✦

你的生活中出現了讓靈性大幅成長的機會。敞開心
胸，迎接療癒的訊息。

✦ 60 ✦

你的天使正在引導你放慢腳步，在貿然做出改變之
前，先花點時間沉澱反思。

✦ 61 ✦

你的天使邀請你將珍貴的能量，保留給讓自己開心
的計畫和事情。遠離讓人心累的關係吧！

✸ 62 ✸

花點時間省思，試著理解質疑你的人的觀點。呼求和諧天使，請祂們協助撫平任何遭遇瓶頸的關係。

✸ 63 ✸

放下讓你心力交瘁的事情，能為奇蹟與擴展創造空間。花點時間釋放老舊、淤積的能量。

✸ 64 ✸

你的天使邀請你多花點時間反思、冥想，祂們才能強化與你的溝通連結。

✴ 65 ✴

　　你的財務狀況反映了你認定的自我價值。要知道在神的眼裡，你永遠值得擁有祝福與和諧。

✴ 66 ✴

　　停下來。不要貿然做出任何行動或改變。你的天使邀請你謹慎思考下一步。

✴ 67 ✴

　　你的意念正在導引生活中的能量流動與支持力量。花點時間重整，讓意念的頻率對準擴展的能量。

✴ 68 ✴

你也許覺得自己好像碰到阻礙，但是要知道，天使正在引導你重整腳步，往長遠的目標前進。

✴ 69 ✴

情感豐富是一種天賦。要知道你的情緒正在幫助你看見最真實、最重要的自我。

✴ 70 ✴

宇宙能量正圍繞在你身旁。要知道，神正在等你釐清心中的意圖，祂才能提供顯化的支持。

✴ 71 ✴

宇宙邀請你想清楚自己的渴望，而不是聚焦在自己不想要的事物上。寫下你的意圖，讓神接手提供協助。

✴ 72 ✴

務必重新找回與自己、與內在世界的連結。唯有如此，你才能在外在世界更有方向。

✴ 73 ✴

阻礙正在一一被排除。你此刻的頻率與魔法能量調和共振。

✵ 74 ✵

天使希望你多花點時間與祂們分享計畫，祂們才能給你更多支持。

✵ 75 ✵

為了讓心中意圖顯化，你必須準備好迎接轉變的能量。新的開始即將到來。

✵ 76 ✵

花點時間接受你的恐懼，體認到當內心被恐懼的陰影籠罩，奇蹟的光明也即將來到。

★ 77 ★

準備迎接最好的結果。好消息即將到來，事情開始
出現正面發展。

★ 78 ★

你的個人旅程正在順利展開。相信這個過程。

★ 79 ★

你的高我擁有能幫助你的資訊。呼求內在的導師為
你指引明路。

✦ 80 ✦

你的存在是為了創造美好改變。一切的際遇絕非平白無故。相信每一個生命經驗都有其價值。

✦ 81 ✦

天使正在幫助你了解生命中反覆出現的經驗與模式，好讓你發現問題並加以克服。

✦ 82 ✦

生活中出現了踏上個人旅程的機會。別讓他人的想法阻礙你追尋夢想。

★ 83 ★

把每一次犯錯視為學習與成長的機會。放下悔恨。

★ 84 ★

原諒天使已經來到身邊，幫助你釋放過去的事件，擁抱它們帶給你的成長。

★ 85 ★

你生來並非是為了受苦。放下對於事情發展的悲觀看法。

✦ 86 ✦

你現在的課題是遠離讓自己情緒低落或心力交瘁的事物。

✦ 87 ✦

你是能啟發他人的老師，你能分享自己從經驗中得到的知識。

✦ 88 ✦

一扇傳送門正在為你敞開，邀請你走入更具靈性光輝的人生。

★ 89 ★

你觸及了最真的自我。珍惜這份可貴的連結。

★ 90 ★

最棒、最美好的人際關係，是你與自己的關係。學著對他人說「No」，對自己說「Yes」。

★ 91 ★

你的天使對於你追求成長的決心深感驕傲。

★ 92 ★

你的能量正在創造正向環境，為你吸引更多快樂與有趣的經驗。

★ 93 ★

你的高我請你拉長冥想時間，好讓你的能量系統揚升到更高的層級。

★ 94 ★

你的內在直覺正在感知天使傳達的訊息。相信你的感覺吧！

★ 95 ★

宇宙很清楚祂為你安排的下一步。請向生命的際遇
臣服。

★ 96 ★

你的天使鼓勵你放慢腳步。如此一來，機會的大門
才會敞開。

★ 97 ★

你現在擁有吸引一切的力量。讓你的能量頻率與金
色意念、金色能量（golden energy，指來自神性的靈性
療癒力量）共振，將金色的機會吸引到生命中。

★ 98 ★

你的意圖與努力正在為你開拓全新的道路。

★ 99 ★

你正處於靈性覺醒的時刻。用心覺察此刻你感應到的一切。

★ 100 ★

對於你所做的一切努力，天使想給你讚美與肯定。你是地球上一道特別的光。

★ 101 ★

神在你心中，仔細聽著你的所有禱告與意圖。

★ 102 ★

花點時間去體認：你與自己的關係越堅定，與神、天使和他人的連結就越堅固。

★ 103 ★

要知道，在神的眼裡，你永遠是充滿神性、值得愛憐的光之子。

✴ 104 ✴

你的每一步都有神和天使相伴。需要時，儘管呼求祂們協助。永遠別覺得自己孤單。

✴ 105 ✴

神和天使已經來到你身旁，在有關財務和安全的事情上提供協助。為奇蹟拓展空間吧！

✴ 106 ✴

宇宙正在引導你斬斷負面的繩索，讓自己從過往的事件中解脫，才能繼續往前走。

★ 107 ★

你的意念以及意圖正在眼前顯化。只要相信，必能獲得。

★ 108 ★

你踏上的旅程會帶領你回歸內心。你想尋找的所有答案，都在你身上了。

★ 109 ★

要知道，神性就在你心中。你的天使正注視著你的神聖本質。

★ 110 ★

神和天使正在給你啟發、引領你前行。

★ 111 ★

　你與一切萬有合而為一。要知道你所做、所給予的一切，都是為了這世界，以及世上的芸芸眾生。

★ 112 ★

　面對目前生活中的所有關係，宇宙鼓勵你看見它們背後更崇高的目的。

✹ 113 ✹

揚升大師、聖者與來自更高力量（higher-being）的上師，現在都來到你身邊，幫助你秉持堅定信念，在旅途上前進。

✹ 114 ✹

你的天使想對你說聲感謝，謝謝你願意成為祂們在地球上的一份子。療癒是你與生俱來的美好天賦。

✹ 115 ✹

你的意念正以驚人的速度顯化，務必持續專注於能幫助你擴展的意念。

✦ 116 ✦

在做出決定、往前邁進之前，務必提醒自己跳脫思考框架，別只聚焦於現況。

✦ 117 ✦

你的天使正等著你釐清自己的意圖。好好思考你想要的是什麼。

✦ 118 ✦

為了成長，你必須放下對事情結果的執著，與他人有關的事更要超然看待。花點時間沉澱，重新將能量聚焦在自己的路上。

✦ 119 ✦

宇宙邀請你駕馭自我力量，主導眼前的情況。別再等他人影響你的下一步。

✦ 120 ✦

你的天使明白你想全力以赴、成為最好的自己。要知道祂們正在給你滿滿的愛與鼓勵。

✦ 121 ✦

宇宙就在這裡，與你在一起。要知道，你和宇宙此刻擁有無比緊密的連結。

✦ 122 ✦

你來到了個人旅程的重要階段，務必保持覺知、專注於當下。

✦ 123 ✦

你又揚升了一步。你先前遭遇的所有挑戰，現在都被釋放了。揚升天使已經來到身旁。

✦ 124 ✦

你的天使想提醒你，沒有任何人或任何事比你更具靈性、更有靈感天賦，千萬別小看了自己。發揚你的神聖本質吧！

★ 125 ★

你的天使鼓勵你了解，不管做什麼事，你總是盡其所有的知識和努力。

★ 126 ★

遇到阻礙，或事情發展不如預期時，請相信神為你做了更好的安排。

★ 127 ★

你所見的徵兆，是為了讓你明白自己走在對的路上，這條路即是光之道途。

★ 128 ★

此刻的你正在揚升並展翅高飛。要知道，隨著你直上雲霄，飛入愛與豐盛的生命裡，天使已在那裡等著擁抱你。

★ 129 ★

神性之母帶著慈愛與療癒的聖光，來到了你身旁。要知道包圍你的愛，多到你無法想像。

★ 130 ★

選擇過有意義的生活，做對你有幫助、能帶領你擴展的事。

✦ 131 ✦

聖者與神聖大師此刻都與你同在。祂們都知道，你
擁有為世界帶來療癒、注入光芒的真實力量。

✦ 132 ✦

你的天使邀請你花點時間感受自己的能量，聆聽身
體的聲音。新的訊息等著你發掘。

✦ 133 ✦

耶穌和神聖大師正在引導著你。黑暗已經被帶入光
明──期待奇蹟到來吧！

✦ 134 ✦

療癒天使圍繞在你身旁，祂們會帶你找到重要資訊，幫助你前進。

✦ 135 ✦

請相信現在發生的改變，正在帶你往最初的意圖和目標靠近。

✦ 136 ✦

你的工作或目標為你帶來了新機會。要知道，神和天使會引導你做出對自己最好的決定。

★ 137 ★

　　此刻的你擁有不凡的顯化能量。相信你已經掌握、擁有了需要的一切。

★ 138 ★

　　你的天使和指導靈鼓勵你選擇原諒、放下過去，才能顯化更完滿的未來。

★ 139 ★

　　務必讓生活中充滿能幹、睿智的女性。神聖女性是你現階段需要的解答。

✦ 140 ✦

你與神和天使合而為一。昂首闊步吧！

✦ 141 ✦

大天使為你築起了防護牆，正守護著你。

✦ 142 ✦

你的守護天使在你身旁飛舞，散發愛與接納的能量。你是被愛著的。你是被接受的。

✷ 143 ✷

　　早在幾世以前，你就認識了你的守護天使。投入冥想，請靈魂讓你看見對你有幫助的記憶。

✷ 144 ✷

十萬個天使正在用祂們的光和愛溫柔包裹住你。

✷ 145 ✷

　　大天使們邀請你敞開心胸，發揚你的天賦，才能領受祂們的訊息。

✦ 146 ✦

你現在處於轉換時期。要知道天使正在引導你渡過這一切。

✦ 147 ✦

你的天使正在幫助你將夢想化為現實。釐清你的意圖，敞開心胸去領受。

✦ 148 ✦

你必須相信奇蹟存在，天使才能幫助你感受奇蹟。要知道奇蹟**確實**存在，你也值得擁有奇蹟。

✦ 149 ✦

你的情緒映照出你真實的一面。與情感連結能幫助你成長。

✦ 150 ✦

開創新局的機會即將來臨。這些契機將為你的生活注入新鮮感與安定。

✦ 151 ✦

你越來越有自信，你的天賦和才能也開始展露光芒。繼續相信自己吧！

★ 152 ★

花點時間靜心，思考眼前的挑戰帶有什麼更崇高的目的，這能讓你秉持無畏的心往前進。

★ 153 ★

你對宇宙越加堅定的信念，讓它能向你顯現奇蹟的解方，幫助你克服挑戰。繼續相信宇宙的力量吧！

★ 154 ★

相信你的內在聲音，因為它正在提供你由天使啟示的智慧。

★ 155 ★

你是顯化大師，你的願景正在化為現實。

★ 156 ★

從他人的限制與負面行為中解脫，永遠別懷疑自己的良善或能付出的能力。你充滿善性，因為這就是你的本質。

★ 157 ★

往事之所以湧現心頭，是為了讓你放下，讓你創造成長的空間。試著臣服，接著放下。

★ 158 ★

宇宙正在引導你的腳步，帶你踏上與內心意圖和目標更一致的路。勇於接受即將到來的改變。

★ 159 ★

天使正在引導你找到對的資訊和對的人，幫助你發掘個人旅程的深層意義。保持開放心態，就能看見不一樣的路。

★ 160 ★

你有多願意聆聽，神的聲音就有多響亮。盡全力去傾聽……用心、仔細地傾聽。

✡ 161 ✡

能終結一切黑暗的光，此刻在你身上綻放萬丈光芒。你就是光。

✡ 162 ✡

天使正在引導你平靜面對目前的情況。守住你身上的光。

✡ 163 ✡

對愛敞開心房，讓愛流入心中。

✴ 164 ✴

你的天使正在幫助你用更宏觀的角度看事情。

✴ 165 ✴

宇宙正在引導你用開放的心態面對新機會。

✴ 166 ✴

務必重新評估你目前的選擇。你的天使邀請你重整頻率，讓意圖對準至善。

★ 167 ★

關心他人、照顧自己的行為，都在為你的世界注入更多愛與福報。

★ 168 ★

你的天使團隊邀請你別再讓自己忙得喘不過氣。簡化你的焦點和意圖，才能有好的結果。

★ 169 ★

花點時間看見、接受自己的情緒，是當前的重要功課。你的天使都深愛著你。

✦ 170 ✦

此刻的你具有強大的吸引能量。如果想創造機會，不妨帶著愛專注在你的計畫上。

✦ 171 ✦

你的天使想提醒你，你的禱告具有美妙的力量。要知道禱告能創造奇蹟。

✦ 172 ✦

你的天使和你自身的能量正在提供指引，幫助你辨別生命中誰值得信賴，並與他們再次連結。

★ 173 ★

你的天使就在你的身旁，幫助你記得自己值得擁有奇蹟。

★ 174 ★

天使鼓勵你重掌自己的力量，主導目前的狀況。

★ 175 ★

你現在經歷的轉變都來自你的意念。請相信宇宙會依你所想調整你的腳步。

✴ 176 ✴

你的意圖現在並不清楚。宇宙邀請你釐清自己的意圖。與神展開對話吧。

✴ 177 ✴

你的意圖被一字一句清楚聽見了。神正在為你指引方向。

✴ 178 ✴

請相信宇宙正在帶領你找到完美的機會，幫助你展現天賦。

✴ 179 ✴

你的靈感能力與覺知正在快速覺醒。定期練習冥想，與自己的天賦連結。

✴ 180 ✴

事情不會無緣無故發生。要知道，你在地球上的生命有一個目的，一個更崇高的目的。

✴ 181 ✴

宇宙邀請你放下過去讓人煎熬的事，才能準備迎接奇蹟。

✷ 182 ✷

你的天使鼓勵你放下別人的問題、過錯與負面行為。你值得從這一切中解脫。

✷ 183 ✷

你的天使和指導靈都來到身邊，幫助你檢視生活，也鼓勵你看見自己一路走來的成長。

✷ 184 ✷

原諒是你給自己的禮物。要知道你值得從過去的記憶中解脫。

✴ 185 ✴

天使希望你明白，祂們是如此愛戀著你。

✴ 186 ✴

做出任何改變一生的決定之前，花點時間檢視自己
的現況。多一點耐心，也多一點專注。

✴ 187 ✴

你經歷的一切、學到的一切，都是生命的禮物，能
讓你更了解自己、認識自己的天賦。花點時間去體悟：
你是個特別的靈魂。

✦ 188 ✦

你現在與自我意識和宇宙合一。你與你的天賦、夢想和目標合一。懷抱信念。

✦ 189 ✦

你的第三眼正在打開，靈視也越來越清晰。用你的靈魂之眼洞察世界。

✦ 190 ✦

回歸自我，前往內心最深處，你的守護天使就在那裡，等著你分享無條件的愛。

★ 191 ★

你接收到的訊息並非幻想——字字句句都是天使在對你說話。

★ 192 ★

宇宙鼓勵你更用心經營你的關係。你愛的人需要你在乎他們。

★ 193 ★

你現在的狀況正在幫助靈魂成長。好好吸取每個生命經驗的養分，要知道天使永遠會守護你。

✦ 194 ✦

天使希望你明白，你有一個能強化人生使命感的機會。對新想法保持開放的心態。

✦ 195 ✦

你的天賦需要你用心培養，才能開花結果。花點時間深入內心，好好認識自己、發掘你的天賦。

✦ 196 ✦

重新與最初的意圖連結，能幫助你了解自己目前在宇宙中的位置。

★ 197 ★

溫柔是一種靈魂特質。你的天使鼓勵你溫柔地說話、溫柔地行事，心懷溫柔的意圖。

★ 198 ★

你正在經歷重要的靈魂課題。務必祈求神聖指引，幫助你克服反覆出現的模式。

★ 199 ★

歡迎來到內心的最深處。你已抵達了自我的中心。

✸ 200 ✸

你的存在是為了照亮他人的生命。你是給世界的一份禮物。神會幫助你。

✸ 201 ✸

謝謝你相信你心中的光。對於你看見了自己的神聖本質，天使非常開心。

✸ 202 ✸

神正在引導你進一步認識自己。

★ 203 ★

你追求成長的決心是如此激勵人心，也提升了身旁所有人的振動頻率。

★ 204 ★

你的存在是為了揭示真理和分享愛。要知道無論你到了哪裡，神都與你同在。

★ 205 ★

看見自己實現最天馬行空的夢想，能讓它們在生命中逐漸開花結果。

✦ 206 ✦

請務必確保你的意圖沒有影響或干預了他人的自由意志。

✦ 207 ✦

你需要的魔法就在你身上。

✦ 208 ✦

你必須勇敢面對真相，才能夠前進、成長。誠實面對自己吧！

✴ 209 ✴

你的存在是為了讓世界更添一分美好。你照亮了身處的地方。

✴ 210 ✴

神和天使都在歡迎你回歸最真的自我。你再次踏上了適合自己的路。

✴ 211 ✴

你進入了充滿力量的空間,並與古今的聖者和上師連結。將意念聚焦在你的夢想和至善上。

✴ 212 ✴

在這個重要時刻，務必思考你是什麼樣的人，希望讓誰進入自己的生活，最終創造什麼樣的世界。

✴ 213 ✴

別害怕，這種被困住的感覺只是宇宙在為你重新校準。相信這個過程。

✴ 214 ✴

此刻的你與天使擁有無比緊密的關係。

✦ 215 ✦

你擁有克服恐懼的力量。堅持心中的信念——你經歷的這一切，都是為了往上揚升！

✦ 216 ✦

你的天使邀請你從祂們最聖潔、最慈愛的眼裡看見自己。好好欣賞自己的美麗。

✦ 217 ✦

宇宙想提醒你，身旁的人散發的能量，會影響你的振動頻率。好好選擇你往來的對象。

★ 218 ★

宇宙鼓勵你懷抱信念,相信讓你綻放光芒的事物,
勇敢前進!

★ 219 ★

要知道,你與他人的關係,需要你用和諧與慈愛的
心積極經營。花點時間分享你追求成長的意圖。

★ 220 ★

好好照顧自己,就是好好照顧這世界。

✦ 221 ✦

　　天使正在引導你看見生活中最漆黑的角落，讓你能把更多的光帶到現況，也帶到世界上。

✦ 222 ✦

　　你就像地球上的天使，能溫暖身旁所有人的心。你生來注定是一道閃耀的光。

✦ 223 ✦

　　揚升大師、你的指導靈和天使，都鼓勵你在繼續前進之前，先誠實面對自己。

✴ 224 ✴

你的天使正在引導你。請相信祂們正為你帶來和諧的能量。

✴ 225 ✴

你是引領轉變的光，你近來所做的事與神聖計畫互相呼應。一切都在完美的時空序列下開展。

✴ 226 ✴

別忘了，不管一段關係缺少了什麼，你都能選擇補足。別只看問題，積極尋找解決方法。

★ 227 ★

神和天使都聽見了你的禱告，也正在衡量目前狀況，找出對所有人最好的解決方法。

★ 228 ★

宇宙想提醒你，你的意圖和禱告會引領你的旅程和生命經驗。聚焦在你期待的結果上，它才能化為現實。

★ 229 ★

神性鼓勵你讓自己的選擇、意念和意圖對準至善。如此一來，你的生命經驗才能對準意義和豐盛。

✴ 230 ✴

　　過得快樂是你生命的意義。天使鼓勵你擁有喜悅，去做讓心快樂歌唱的事。

✴ 231 ✴

　　你也許覺得自己後退了一步，但這個小插曲是天使團隊的安排，祂們都在為了你的至善而共同努力。相信這個過程。

✴ 232 ✴

　　你所見的即是真理，你的天使鼓勵你勇敢相信，並依據真理行事。

✴ 233 ✴

揚升大師，特別是耶穌，此刻已來到身邊，幫助你一步一步邁向至善。請求祂們提供你需要的所有協助。

✴ 234 ✴

你正在往上揚升。宇宙看見了你追求成長的決心，為你感到驕傲。

✴ 235 ✴

現在發生的轉變，會讓你感覺更完滿、更和諧。

✴ 236 ✴

你來到這世上，是為了享受生命、活出快意人生。你的天使鼓勵你放鬆心情、放下執念，讓生活充滿更多正能量。

✴ 237 ✴

你的夢想正在你眼前以飛快的速度顯化。繼續保有慈愛的意念和意圖。

✴ 238 ✴

你曾經降生地球上，你與靈的連結是累世記憶的一部分。你現在來到這裡，是為了成為光與力量的燈塔。

✦ 239 ✦

神聖女性，這股由所有女性神靈、聖者與上師體現的能量，已經來到身邊，幫助你重新看見最深層的自我。真理不必外求，只要內尋。

✦ 240 ✦

要知道神和天使現在都在你身邊。對改變保持開放的態度。

✦ 241 ✦

你的天使正在引導你找回自己的天賦。別再否定自己，察覺你的過人之處。

✴ 242 ✴

天使總是帶著無條件的愛注視著你。要知道你恆常被滿溢的愛包圍。

✴ 243 ✴

陷入情緒低潮時，別因此焦慮。你只是在排解能量，之後才能提升振動頻率。

✴ 244 ✴

天使正在帶你前往下一個層級。這是肯定自我價值的時刻！

✦ 245 ✦

大天使就在你身邊，幫助你斬斷阻礙自己的繩索。將過去澈底清除、放下，勇敢按下刪除鍵吧！

✦ 246 ✦

你有一個能為生活和能量注入愛與平衡的機會。這需要付出心力，但你可以的，堅持下去。

✦ 247 ✦

宇宙之門。你的意念具有強大力量與吸引力。相信眼前發生的改變，它們都是奇蹟。

✶ 248 ✶

你來到了生命旅程的重要轉捩點。找到人生意義的機會即將來到眼前。

✶ 249 ✶

你的天使正在引導你解放靈魂。展現你最真、最神聖的自我。

✶ 250 ✶

你對自己選擇的路的堅持、提升自我的決心，最終都會有所回報。

★ 251 ★

天使鼓勵你相信內心深處的指引聲音，那是來自神性的引導。

★ 252 ★

你與自己的關係所散發的關愛、和諧能量，也會反映在你與他人的關係上。

★ 253 ★

有時候，最美好的豐盛來自找回被遺忘的部分自我。歡迎自己回家吧！

★ 254 ★

你的天使鼓勵你好好愛自己，並勇敢表達你對目前
狀況的感受。

★ 255 ★

通往豐盛與機會的大門正在敞開。準備站到鎂光燈
下，驚艷全場吧！

★ 256 ★

為了領受，你必須先願意給予、樂於分享。擺脫自
我設限、狹隘匱乏的心態。

★ 257 ★

別忘了，你與神性、與一切萬有共為一體。你在尋找的一切，也早就與你合一了。

★ 258 ★

做出最能讓**自己**快樂的選擇，眼前的路就能夠順利展開。

★ 259 ★

你已經與神聖指引連結，你此刻領受的靈感啟示是真實不虛的。

✶ 260 ✶

花點時間陪伴你的家人和愛人。他們需要你。

✶ 261 ✶

記得給伴侶支持和關愛，因為對方此刻需要你。

✶ 262 ✶

宇宙邀請你誠實面對自己、面對你的關係。

✦ 263 ✦

神和天使都在歡迎你回來。你也許做了一陣子的迷途羔羊，但此刻你已重新回歸正途。

✦ 264 ✦

天使想提醒你，流露人性是很正常的。祂們愛你的本質，也愛你現在的模樣。

✦ 265 ✦

宇宙邀請你用你關懷他人的方式，好好關懷自己。

★ 266 ★

用愛與自己溫柔對話。神永遠傾聽著你。

★ 267 ★

敞開心胸與能量，讓自己感受豐盛。

★ 268 ★

安於自己在個人旅程上的位置。享受此刻值得感恩
的美好。

★ 269 ★

與問題的中心連結，自然會帶你找到解決方法。從最崇高的本心出發，有意識地去行動與回應。

★ 270 ★

神就在身邊，祂希望你獲得。告訴自己你值得這份神性之愛。

★ 271 ★

下一步怎麼走，完全由你決定。好好思考你希望眼前的路如何開展。

★ 272 ★

回歸本心，並再次與你所愛的一切連結，是此刻通往豐盛及顯化的關鍵。這能夠幫助你揚升到最高的振動頻率。

★ 273 ★

宇宙正在引導你與內在之火和內在力量連結，好讓你回歸完整合一的狀態。

★ 274 ★

你的天使是你最熱情的啦啦隊，你的每一步都有祂們相伴。從一切喧囂紛擾中揚升，繼續往前進。

✦ 275 ✦

你現在經歷的轉變是必要的，唯有如此，你的意圖才能顯化。心懷信念。

✦ 276 ✦

當你記得自己永遠不孤單，內心便生力量。神永遠與你相伴，恆常在你心中。

✦ 277 ✦

宇宙此刻與你同在。揚升自己的頻率，禮讚你的內在原力。

✴ 278 ✴

　　你的人生注定會造就偉大。請你繼續專注在你的目標上。

✴ 279 ✴

　　宇宙請你跨越眼前的挑戰，才能揚升。這是你點石成金，化腐朽為神奇的時刻。

✴ 280 ✴

　　請相信眼前開展的道路。一切都將在最完美的時刻發生。

✦ 281 ✦

天使想提醒你，你能決定自己的人生。拿回自己的主導權吧！

✦ 282 ✦

你正經歷的課題能幫助你學習堅持自我、忠於本心。這是一次寶貴的經驗，勇敢表達，讓自己被聽見。

✦ 283 ✦

宇宙正在引導你進入慈悲與關愛的空間。選擇成為愛的力量。

★ 284 ★

你的天使鼓勵你做對的事。積極幫助他人，並知道你的生命旅程也會因此受益。

★ 285 ★

你的天使鼓勵你相信內在的智慧之光。相信你知道的一切。答案真的就在你身上。

★ 286 ★

你的天使鼓勵你沉澱放鬆，讓自己休息充電。神性療癒的能量正圍繞著你。

✹ 287 ✹

你踏上了光、愛與原諒的道途。沐浴在聖光裡，帶著慈愛之心顯化未來。

✹ 288 ✹

魔法正在你的四周顯化。請相信你的夢想和願景正在化為現實。

✹ 289 ✹

找回真實自我，回歸你的本質。要知道，你的存在是為了揚升高飛。

✦ 290 ✦

主導情況，以身作則。神就在身邊與你一同前行。

✦ 291 ✦

天使和聖靈已經來到你的身邊。別忘了，只有愛是真的。

✦ 292 ✦

奇蹟正在你眼前發生。請準備好迎接感知與實相的轉變。

✦ 293 ✦

你正在跨越自身限制，進入支持的空間。神性力量正保護著你。

✦ 294 ✦

天使正透過你的內心，溫柔地輕聲指引。往內在探尋，用心聆聽，與祂們的愛連結。

✦ 295 ✦

你的心中有來自神性的啟示，你必須加以接收，才能在人生之路上繼續前進。

✦ 296 ✦

你是愛的存在。用慈愛的目光注視自己，開始肯定自己的神聖價值。

✦ 297 ✦

專注在你的意圖上，相信天堂的力量。你有一個聖天使軍團支持著你。

✦ 298 ✦

站穩腳步。專注在目標上，眼前的路就會自然開展。當前的情況會幫助你克服被批評的恐懼。

✦ 299 ✦

你心中的神性真理如此動人，並擁有照亮世界的崇
高使命。

✦ 300 ✦

神、揚升大師和天使都在你身旁，用純潔的聖光祝
福你的未來。

✦ 301 ✦

你進入了頻率調和的完美空間。別讓任何事中斷了
你的心流與靈性連結。

✦ 302 ✦

你在個人生活和工作上都不斷成長。維持高頻能量，專注於創造正向改變。

✦ 303 ✦

神派了指導靈和神聖上師來支持你。敞開心胸迎接聖光吧！

✦ 304 ✦

天使正在你身邊飛舞，邀請你將意念、意圖與能量提升到最高的振動頻率。

✦ 305 ✦

　　勇敢面對眼前的挑戰，你才能主動創造改變，而不是等著改變發生。與誠實和正直的能量合一。

✦ 306 ✦

　　呼求你的天使，請祂們協助你保持平衡，繼續聚焦在重要的事情上。

✦ 307 ✦

　　你就是奇蹟。你就是魔法。此刻的你擁有點石成金的強大力量。

✦ 308 ✦

你的靈性正在加速成長。你也許注意到了，隨著你不斷揚升，你的指導靈也不斷轉變。

✦ 309 ✦

你的高我正在引導你。與內心深處對話，勇於探索新的方向。

✦ 310 ✦

你與更高層次的力量合而為一。要知道你是被愛的、被支持的。

✦ 311 ✦

你的能量與存在是送給世界的禮物。你的覺知已經甦醒，並與生命的完整合一同頻共振。

✦ 312 ✦

宇宙邀請你看見此刻人際關係中的成長。要知道，所有相遇都是緣分，都有其意義。

✦ 313 ✦

從心靈洞穴裡走出來，讓你的光被看見。你來到這世上，是為了提升自我，也為了啟發他人。

✦ 314 ✦

天使鼓勵你綻放光芒，也相信自己的光。

✦ 315 ✦

你所見的變化，是神對於你的禱告的回答。請相信神會告訴你下一步該怎麼走。

✦ 316 ✦

在生活中為奇蹟創造更多空間。空出時間，純粹活在當下。

★ 317 ★

你追求成長的努力，為你開啟了魔法的大門。別忘了能力越強，責任越大。

★ 318 ★

你踏上生命擴展的旅程、不輕言放棄的決心獲得了肯定。指引與支持的天使正與你並肩同行。

★ 319 ★

你的存在就是力量。展現自我，卸下所有防備，要知道神性是你唯一需要的後盾。

★ 320 ★

你與神有直接的連結。放心接受祂的愛——與神性親源建立親密的關係，是你天生的權利。

★ 321 ★

你並非偏離了正途，但是宇宙正在引導你放心讓神性接手。向神性的力量臣服。

★ 322 ★

宇宙邀請你記得，你是這趟靈性旅程的主角，因此需要投入光與決心時，你必須挺身而出。選擇原諒。

✦ 323 ✦

揚升大師已經來到身邊，幫助你排除路上的所有阻礙與挑戰，讓你能無所畏懼地生活。

✦ 324 ✦

天使軍團永遠會支持你。禱告能使你與天使之間，沒有距離。

✦ 325 ✦

在生活中創造接受支持的空間。你需要先接受神和天使的支持，才能支持他人。

✶ 326 ✶

別讓他人的低頻能量或烏煙瘴氣遮蔽了你的光。讓身旁充滿能提升自己的人。

✶ 327 ✶

你的人生規劃必須依循更高的至善。如此一來，神的安排就會與你的計畫同步，讓你的願望化為現實。

✶ 328 ✶

追求成長的努力獲得肯定。誠心請求，當能獲得。

✦ 329 ✦

你的頻率對準神性之母的力量與臨在。要知道你是被深愛著的。

✦ 330 ✦

天使和揚升大師希望你明白，神對你和你的天賦有信心。

✦ 331 ✦

你與智慧和神性之愛的頻率調和，這兩股力量會在需要時支持你。秉持信念。

✴ 332 ✴

你的人際關係進入了成長的空間，為你帶來滿足與喜悅。

✴ 333 ✴

你此刻的頻率與耶穌和其他揚升大師完美地調和共振。你來到了個人旅程的重要里程碑，你能跨越之前的所有困難。

✴ 334 ✴

你的指導靈和天使正在你身旁飛舞，提供神聖的愛與守護。

★ 335 ★

改變會讓人難受，是因為你忘了自己與神和天使合一。記得自己的本質。

★ 336 ★

時常留意你的心。深呼吸、放慢腳步，先跟自己的中心連結，再繼續往前走。

★ 337 ★

你來到了顯化的傳送門前。奇蹟的能量從你身上不斷湧現。

✸ 338 ✸

你的前世藏有解開你心中疑問的答案。

✸ 339 ✸

你的頻率對準女神和強大的女性聖者，祂們正在協助你敞開心房，迎接神性之愛。

✸ 340 ✸

你的天使正在幫助你與神建立親密關係。要知道，你值得擁有這份連結。

★ 341 ★

你擴展的心靈正在幫助你敞開心胸，領受天使的直接指引。

★ 342 ★

你的天使團隊希望你明白，祂們此刻正在引導你的關係發展，撫平你的所有擔憂。

★ 343 ★

相信你心中感受到的連結──你正在領受、傳遞特別的指引。

✴ 344 ✴

你的頻率與你的守護天使調和。祂們都無條件地愛
著你。

✴ 345 ✴

大天使麥可和祂的保護天使將光與安全的光環環繞
在你身上。

✴ 346 ✴

相信你呼求的天使永遠會帶你找到最完美的解決方
法，幫助你成長。

★ 347 ★

你的高我正在顯化特定機會，幫助你跳脫舒適圈。克服恐懼，蛻變成更好的自己。

★ 348 ★

放心向宇宙訴說你真正的需求，好讓祂給你滿滿的支持。

★ 349 ★

你不需要他人同意才能做自己。你天生就是力量的化身。擁抱內在力量吧！

✸ 350 ✸

你的指導靈正讓你的生命與豐盛的力量和光調和。

✸ 351 ✸

別害怕轉變的能量。它永遠依著神聖秩序運作，以你的至善為最高目標。

✸ 352 ✸

用心經營關係的努力不會白費。你所做的是對的。

✦ 353 ✦

你的指導靈鼓勵你跨越自我限制，誠實面對自己需要改變的地方，才能在個人生活與靈性上有所成長。

✦ 354 ✦

你的天使就在身旁，支持你因應生活中的轉變。持續專注在光的力量上，別讓任何事掩蓋你的光芒。

✦ 355 ✦

揚升大師鼓勵你帶著光和愛的能量，去處理所有和財務與豐盛有關的事。讓你的所作所為對準光的頻率。

✴ 356 ✴

這是擴展生命的時刻。務必檢視自己為他人付出的方式。與助人的能量連結，能開啟神幫助你的通道。

✴ 357 ✴

敞開心胸，用不同的眼光看事情。宇宙鼓勵你為奇蹟做好準備，當你轉換心態，你會感受到奇蹟般美妙的變化。

✴ 358 ✴

擁有意圖固然重要，但事情發展不如預期時，也要能寬心接受。要知道，神永遠會為你做最好的安排。

★ 359 ★

你的天使希望你與最深層的自我連結，並了解到此刻的你擁有最明亮、最耀眼的光。在提升心靈這方面，你做得很棒！

★ 360 ★

為了幫助你體驗和諧，神邀請你檢視自己的生活，思考現在對你最有幫助的事，接著放手去做。

★ 361 ★

你的靈魂希望你在繼續前進之前，先回頭檢視最初的意圖。你正在偏離對你有幫助的事物。回到正軌吧！

✶ 362 ✶

你的關係此刻需要你用心投入，務必對於他人的回饋保持開放心態。別忘了，每一份關係都是一項功課。

✶ 363 ✶

你的心不斷擴展，你的靈性感知也逐漸覺醒。為了延續這股擴展的能量，務必向神性請求支持與保護。

✶ 364 ✶

你的天使已經來到身旁。呼求祂們的協助與支持，帶著自信堅定前行。你知道祂們會一路引導你。

★ 365 ★

你的生活中出現了提升豐盛的機會。天使鼓勵你再次感受自己的神性價值。

★ 366 ★

停下腳步。在繼續前進之前，務必重新審視內心的意圖，並尋求正確、專業的資訊。目前的情況可能會阻礙你成長。

★ 367 ★

你這陣子感受到的能量阻塞，現在都被排除了。事情開始往前流動。

★ 368 ★

你的道路和人生使命正在最剛好的時刻展開。要知道，你的靈魂永遠會讓你知道什麼能帶來快樂與滿足。

★ 369 ★

現在的你也許感到脆弱、敏感，但務必用心傾聽，因為心中升起的情緒都是訊息，揭示了未來旅程上最重要的課題。

★ 370 ★

神和揚升大師正在幫助你顯化心中的意圖。專注於高頻能量與感恩之心，就能開創奇蹟。

★ 371 ★

你的意圖已經被接收。請相信一切會在最剛好的時刻開展。

★ 372 ★

天使指引想提醒你，思考未來的願景和意圖時，別忘了納入你生命中最重要的人。分享你的豐盛思維。

★ 373 ★

你的高我正在顯化重要的生命課題，幫助你成為目前狀況中的老師或引導者。花點時間思考眼前情況背後的涵義。

✦ 374 ✦

你的天使肯定你當前的意圖。要知道祂們鼓勵你採取行動，將意圖化為現實。

✦ 375 ✦

宇宙想提醒你用平常心面對改變。關鍵在於記得神和天使永遠會陪著你。

✦ 376 ✦

內心湧現恐懼時，要知道你即將迎來奇蹟。相信這個過程，呼求你需要的支持。

✦ 377 ✦

你渴望的奇蹟已經近在咫尺。保持專注，讓頻率持續與愛的力量和光共振。

✦ 378 ✦

宇宙已經揭示了你的下一步，但你必須往前邁進，才會知道未來如何展開。勇往直前吧！

✦ 379 ✦

重新與你的力量連結。記得自己的本質和天賦。要知道，你生來注定是閃耀的光。

✦ 380 ✦

神希望你明白，你充滿力量，你做得到。

✦ 381 ✦

天使正在引導你，目前的狀況很快就會明朗。要知道你連結了力量的頻率。

✦ 382 ✦

宇宙正在引導你與特定朋友和生命中的人相遇或重逢，讓他們幫助你成長。敞開心胸吧！

★ 383 ★

宇宙鼓勵你卸下防衛，帶著和平之心行事。

★ 384 ★

你是地球天使，宇宙鼓勵你從付出中找到喜悅與滿足。勇於幫助他人。

★ 385 ★

宇宙鼓勵你了解，前進的方式有很多種。放下一切執著，試著從不同的觀點看待現況。

✴ 386 ✴

在繼續下去之前，先花點時間檢視目前狀況。這不是放棄，而是調整步伐，讓自己能從這份經驗中獲得更多啟發與支持。

✴ 387 ✴

宇宙正在指引你邁向生命的真理、解答與光。相信你眼睛所見、耳朵所聽、內心所感。

✴ 388 ✴

宇宙正在向你揭示未來的方向。請相信神聖指引會一路支持你。

★ 389 ★

你踏上的旅程最終會帶領你回歸自我。你就是散發智慧光芒的老師。深入內心，傾聽自我。

★ 390 ★

神感謝有你。

★ 391 ★

你追求成長的決心獲得了全宇宙的肯定。謝謝你願意成為照耀世界的光。

✦ 392 ✦

你的身旁圍繞著正向又充滿力量的人。好好享受這股善的氛圍,並與你的夥伴分享。

✦ 393 ✦

你的心中有富含啟示的訊息,靜靜等著你發掘。你的靈魂鼓勵你透過正念、冥想和日誌書寫,聆聽內心的聲音。

✦ 394 ✦

你的天使邀請你用慈愛的眼光看見自己。好好愛自己吧!

✦ 395 ✦

宇宙需要你放下內心的擔憂，祂才能支持你。放下執著，放心讓神接手。

✦ 396 ✦

在繼續前進之前，宇宙鼓勵你先與自我對話。記得你最真的本質。

✦ 397 ✦

你的生命經驗反映了你選擇的能量頻率。讓自己與帶來喜悅的事物連結。

✦ 398 ✦

　　你的天使提醒你選擇光明至善的道路。你好不容易走到了這一步，別因為任何事而偏離了正途。

✦ 399 ✦

　　你從神性本源取得了充滿智慧與啟示的訊息。仔細留意，這些訊息會透過冥想、異象與夢境向你顯現。

✦ 400 ✦

　　你能與神直接溝通。要知道你的祈禱已被聽見。

✷ 401 ✷

讓神的愛與臨在支持自己。你並不孤單。

✷ 402 ✷

你的指導靈和天使團隊正在幫助你處理當前的狀況。成為人際關係中的天使吧！

✷ 403 ✷

你的能量正在提升到更高的層級。要知道你的指導靈正在支持你度過這個轉換時期。

✴ 404 ✴

神和天使在你身旁點亮了神聖的守護之光。你已經安全了。

✴ 405 ✴

現在發生的轉變的都是神的安排。請相信你的旅程會在神性的指引下展開。

✴ 406 ✴

宇宙邀請你停下腳步，往內心深處探尋，因為神和天使已經將你需要的答案放到你心中。

✦ 407 ✦

你進入了高頻振動的空間，宇宙鼓勵你專注在內心
準備好顯化的事物上。

✦ 408 ✦

你來到這世上，是為了活出更崇高的生命意義。當
你投入讓自己真正快樂的事，就能找到生命的真諦。

✦ 409 ✦

你的高我永遠與神和天使連結。要知道，你隨時能
連結神性智慧的力量。

✴ 410 ✴

宇宙提醒你釐清內心的意圖。神永遠在聆聽，也會在你的意志與神聖律法對應時加以回應。

✴ 411 ✴

你與生命的合一能量連結。你需要的一切支持與指引，此刻都在你身上了。仔細。傾聽。

✴ 412 ✴

現階段的你必須釐清心中的感受與意圖，在與關係有關的事情上尤其如此。

★ 413 ★

天使在一旁支持著你，但是只有你能實際踏出下一步。勇往直前吧！

★ 414 ★

你的天使想提醒你祂們的存在。請相信你此刻經歷的一切，都是與神性的連結。

★ 415 ★

你的天使鼓勵你做出必要的改變，好讓自己能夠成長。重新駕馭自己的力量吧！

✦ 416 ✦

當你不再過度思考、過度規劃、過度努力，你的天使才能翩然來到，提供奇蹟支持與解決方法。

✦ 417 ✦

你的天使鼓勵你看見現況背後的魔法能量。要知道一切都不是偶然。

✦ 418 ✦

天使正在引導你明白，你選擇的路一直是啟發你的良師。回顧過去的生命課題，找出它們此刻想要給你的訊息。

★ 419 ★

你的天使鼓勵你拿回自己的力量。請別讓自己被忽視了。

★ 420 ★

天使正在幫助你與神性培養更親密的關係。祂們鼓勵你別讓他人對神的負面見解影響了自己。

★ 421 ★

你的天使鼓勵你以慈愛之心檢視你與自己的關係。

✦ 422 ✦

宇宙正在引導你向身旁的人伸出援手。問自己能如何幫助有需要的人。為他人付出，自己也會受益。

✦ 423 ✦

天使和揚升大師正在幫助你找回被遺忘的天賦，以及被遺忘的自我。

✦ 424 ✦

你的天使正在檢視你的個人關係。釐清內心的感受，與你真正在乎的人分享心中的愛。

✴ 425 ✴

你的天使鼓勵你思考目前狀況反映的課題。

✴ 426 ✴

宇宙正在引導你與對的人連結，讓他們帶給你喜悅、鼓勵你綻放光芒。

✴ 427 ✴

你的天使聽見了你對於戀愛與感情的禱告和請求，正在助你一臂之力。

✦ 428 ✦

你的天使聽見了你對於工作和人生目標的禱告，並希望你知道，祂們支持你的夢想。

✦ 429 ✦

你的天使鼓勵你與內心柔軟的自我連結。你的脆弱是一種天賦。

✦ 430 ✦

你的天使鼓勵你檢視目前的選擇與作為，並思考背後的初衷，這能幫助你不斷前進。

✸ 431 ✸

眾多天使、聖者和上師都圍繞在你身邊，鼓勵你持續專注在光上，與光的能量同頻。

✸ 432 ✸

宇宙鼓勵你針對與他人的關係和連結，呼求需要的支持與指引。

✸ 433 ✸

天使與耶穌想提醒你，與天堂國度的連結就在你的心中。

✦ 434 ✦

你此刻感受到的能量變化，有一部分是天使的安排。這是祂們對於你的禱告所做的回應。

✦ 435 ✦

宇宙正在引導你將意念、行為和意圖提升到更高的層次。不管到了哪裡，記得要作眾人之中的天使。

✦ 436 ✦

做出下一個決定之前，務必先停下腳步，回歸本心，回歸照亮自己的事物。

★ 437 ★

你的天使正在顯化奇蹟，藉此給你滿滿的支持。

★ 438 ★

天使想提醒你，靈性道途上偶爾會遇到顛簸，祂們鼓勵你堅持下去，專注於一切努力背後的目標。

★ 439 ★

天使鼓勵你藉由禱告、冥想和自我對話，連結神聖女性的能量。

✴ 440 ✴

你的天使正在讓你與神直接連結。勇敢表達自我，
並知道你已經被聽見。

✴ 441 ✴

你的天使想提醒你，你是充滿力量的存在。召喚你
的內在力量，讓它的光照耀世界。

✴ 442 ✴

天使希望你明白，祂們正在引導你面對人際關係和
與心有關的所有事情。

✸ 443 ✸

你的能量正在揚升到更高層次，而天使在一旁支持著你。你的生命中出現了新的連結。

✸ 444 ✸

你的身旁圍繞著100,000名天使。奇蹟正在你眼前發生。

✸ 445 ✸

大天使正在引導著你。此刻的你充滿了光、力量和療癒。

✴ 446 ✴

　　你的天使鼓勵你休養生息，好好恢復能量。平衡是成長的必要元素。

✴ 447 ✴

　　你的天使正在將你的禱告、意圖和願景，與支持你擴展的機會連在一起。探索新方向，享受其中樂趣。

✴ 448 ✴

　　你的天使鼓勵你明白，祂們正在依照你的意圖與神聖律法，為你安排、開創生命的道路。

✦ 449 ✦

天使和神性之母的能量圍繞著你。放心去給予、去領受愛。

✦ 450 ✦

神和大天使麥可正在支持你面對恐懼、挑戰與挫折。要知道,你是安全的。

✦ 451 ✦

你必須準備做出改變,才能迎來需要的生命奇蹟。

✦ 452 ✦

天使智慧鼓勵你表露一直藏在心底的真話。敞開心房，讓神聖指引流入心中。

✦ 453 ✦

天使鼓勵你設定明確的計畫及意圖，好讓祂們給你引導和支持。

✦ 454 ✦

放下執著，別再試著控制一切。放心讓天使引導你擁抱靈性光輝、支持與愛。

★ 455 ★

你的生活出現了大幅轉變，好讓你對準豐盛和擴展的頻率。

★ 456 ★

天使鼓勵你讓頻率對準關愛及慈悲的能量。試著不去理會傷害、破壞的意念。

★ 457 ★

當你展露靈性天賦，靈性支持的活水便能流入生命中。呼求大天使，請祂們協助你擁抱自己的天賦。

✴ 458 ✴

　　靈性療癒的能量正圍繞著你，滋養你身心的全部，好讓你在靈性道途上繼續成長。

✴ 459 ✴

　　你的天使鼓勵你準備迎接奇蹟。

✴ 460 ✴

　　神鼓勵現階段的你更細心地照顧自己，因為你需要充分精力來展開下一段旅程。

★ 461 ★

要知道，你對自己的未來願景能帶來療癒能量。繼續在心中溫柔地幫自己打氣吧！

★ 462 ★

宇宙鼓勵你檢視自己的人際關係，斬斷無法幫助你成長或感覺完整的負面繩索。

★ 463 ★

你的天使鼓勵你盡一切努力去愛你的身體、照顧你的身體。這能為你打通眼前的道路。

✸ 464 ✸

你的天使已經來到身邊。歡喜接受祂們的協助，放心讓祂們支持你。

✸ 465 ✸

體驗奇蹟的關鍵，在於你是否相信奇蹟可能發生，又是否相信自己值得擁有奇蹟。

✸ 466 ✸

你的天使鼓勵你，在繼續前進之前，要先掌握更多的資訊。

✦ 467 ✦

你的天使想提醒你，你擁有顯化生命奇蹟的能力。相信自己的魔法力量吧！

✦ 468 ✦

你的天使正在支持你。要知道祂們正在清除你的能量與生活中的低頻振動。

✦ 469 ✦

你已經與必須學習的重要課題直接連結。敞開心胸，接受來自內心深處的訊息。

✦ 470 ✦

神和天使正在幫助你了解宇宙的奧祕。

✦ 471 ✦

你的天使希望你記得，你在地球上擁有作為領導者、老師及療癒者的力量。要知道你的天賦是為了分享而存在。

✦ 472 ✦

你的天賦是一份禮物，必須給予他人才有意義。宇宙鼓勵你與世界分享你的才華。

✳ 473 ✳

你的天使希望你明白，原諒是一項重要課題，唯有學會了，下一階段的旅程才會展開。

✳ 474 ✳

你的天使正在協助你顯化夢想。秉持堅定不移的信念吧！

✳ 475 ✳

隨著你蛻變、掌握更多力量，背負的責任也更重大。宇宙邀請你在往前邁進的同時，保持接地，也保持與神的連結。

✦ 476 ✦

你的天使正在引導你面對恐懼，並思考恐懼能帶給你的生命智慧。要知道，你心中的愛能戰勝一切。

✦ 477 ✦

此刻的你與顯化的能量與法則連結。觀想你的禱告已獲得應允，讓渴望化為現實。

✦ 478 ✦

你的天使鼓勵你與大地連結。進入安穩接地的狀態，讓自己感覺回到正軌。

✦ 479 ✦

天使指引鼓勵你解放內在導師，才能再次讓頻率對準至善的能量。

✦ 480 ✦

每件事情發生都是有原因的。請相信眼前的路正在帶領你邁向至善。

✦ 481 ✦

天使正在幫助你記得過去的課題，好讓你不必重複舊有的循環。

✦ 482 ✦

　　天使鼓勵你照著自己的路走，選擇適合自己的方式。別為了成全他人的渴望，犧牲了自己的夢想。

✦ 483 ✦

　　你活著是為了成長，而成長的路上少不了犯錯。但是你的天使希望你知道，無論如何，你都是被愛著的。放下你的愧疚，向神臣服。

✦ 484 ✦

　　宇宙鼓勵你對天堂國度懷抱信念。你的天使正在為你努力，此刻也與你並肩同行。

✦ 485 ✦

宇宙想提醒你，你生來是為了愛人與被愛。讓自己遠離違背此一真理的情況。

✦ 486 ✦

你的天使鼓勵你記得，拒絕**也是**一種回答。你應該多向他人說不。

✦ 487 ✦

你的旅程需要你成為一位老師、領導者、發言人。勇敢站出來，讓自己的聲音被聽見。

✹ 488 ✹

你的天使鼓勵你明白，教導他人，也能從中學習。勇敢綻放光芒吧！

✹ 489 ✹

你的天使正等著你前往心靈最深處。花點時間深入內心，愛就在那裡等著你。

✹ 490 ✹

你的頻率已經與高我調和，神一直引導著你。

✦ 491 ✦

天使多麼感謝有你，在祂們眼裡，你是照亮世界的燈塔。

✦ 492 ✦

你的天使鼓勵你休息一下，喘口氣。冷靜下來，安定心神，集中注意力，再繼續前進。

✦ 493 ✦

此刻的你與天堂裡你愛的人連結。要知道，你經常禱告的對象就像守護天使，祂們會一直看顧著你。

✦ 494 ✦

你的天使鼓勵你表達真實的自我。別再有所保留，勇敢做自己吧！

✦ 495 ✦

宇宙鼓勵你做出必要的改變，讓你的靈魂進一步成長。你的存在是為了感受光亮、感受耀眼。

✦ 496 ✦

與帶你更靠近神、更靠近愛的事物連結。放下對你沒有幫助的一切。

✦ 497 ✦

你的能量正在綻放，生活之中出現了感受和諧的新機會。

✦ 498 ✦

你進入了一個神聖空間，你的自我覺知更加敏銳，也與真我更加親密。要知道這一路上，永遠會有神性的力量引導你。

✦ 499 ✦

天使正在透過你的內在聲音與直覺提供指引。相信此刻心中領受到的訊息吧！

✴ 500 ✴

神正在為你安排接下來的路。準備好感受奇蹟與豐盛吧！

✴ 501 ✴

要知道，當你所做的事對準光和善的頻率，神會給你全力支持。

✴ 502 ✴

你與他人的關係與連結正在蛻變。請相信神正在幫助你度過這些轉變。

✱ 503 ✱

你現階段的成長，取決於你是否相信神會永遠眷顧你，永遠會為你的至善做最好的安排。

✱ 504 ✱

你的天使就在身旁，引導你探索重要的課題，放下不重要的事物。

✱ 505 ✱

相信內在直覺引導你做出的改變，因為這些都是神的安排。你擁有顯化豐盛的能力。儘管相信吧！

✦ 506 ✦

你願意讓多少快樂流入自己的身體和生活，就能有多少成長。讓喜悅成為你積極尋找、勇於分享的事物。

✦ 507 ✦

宇宙正在引導你為奇蹟創造空間。當你為奇蹟拓展空間，它們便能顯化。

✦ 508 ✦

持續專注在讓你快樂、帶給你生活意義的事物上。其餘一切都放心交給神處理。

✹ 509 ✹

你與重要的能量產生了連結。持續聆聽，讓神的訊息自然流入心中。

✹ 510 ✹

你追求成長的努力與決心獲得了肯定。要知道你永遠與神性連結，你的神性體驗永遠是獨一無二的。

✹ 511 ✹

你成為世界的光的決心，正在為最需要光的人提供支持，照亮他們的心房。辛苦了，你做得很好！

✦ 512 ✦

花點時間修補遭遇挑戰的關係。讓對方看見自己願意帶著愛與善意，讓關係繼續往前走。

✦ 513 ✦

你積極擴展、活出豐盛生命的努力，正在為你開拓未來的路。維持追求成長的動力，讓光引領你前行。

✦ 514 ✦

你的天使鼓勵你繼續努力，活出至高、至善的自己。你體現了生命的無限潛能，是激勵人心的榜樣。

★ 515 ★

改變是好是壞，端看你如何面對。將眼前的改變視為成長的機會，展現最真的自己。

★ 516 ★

花點時間思考哪些事能創造更多快樂，哪些事阻礙了你的光芒，這能幫助你了解下一步該怎麼走。

★ 517 ★

你正在經歷的能量轉變與目前的情況有關。宇宙正在引導你斬斷負面繩索，勇敢放下。在這之後，你就能看見自己需要的奇蹟與解答。

★ 518 ★

與其專注在你想要的東西上，不如請求你需要的事物。讓神帶來能支持你身心健康的事物。

★ 519 ★

天使指引請你放鬆、深呼吸。你不需要刻意展現自己或自己的實力。你的成果就是最好的證明。

★ 520 ★

此刻的你與神之間有無比強烈的連結。歡迎回歸愛的頻率。

✦ 521 ✦

你在他人身上看見的，其實也存在你心中。放下批評、比較的心，用慈愛的眼光看待世界。

✦ 522 ✦

你進入了充滿力量的空間，與原諒的能量連結。要知道，原諒是記得你永遠不會真的受傷，因為沒有任何東西能傷害你的靈魂。

✦ 523 ✦

你正在往前邁進、往上揚升。要知道，你走在正確的路上。

★ 524 ★

天使正在支持你和你所愛的人，幫助你進入更和諧、更自在的空間。

★ 525 ★

健康、奇蹟與希望的能量正圍繞著你、你所愛的人與你的關係。擁抱充實你生命的一切。

★ 526 ★

你生來注定是明亮、耀眼、充滿喜悅的光。花點時間檢視你的生活，確保在每一段關係裡，你都能活出最棒的自己。

★ 527 ★

你目前的狀況反映了你藏在心中的感受。務必坦白表達自我，讓眼前的路更加通暢。

★ 528 ★

天使愛你，也尊重你，祂們邀請你繼續溫柔地愛自己、尊重自己。看見你努力不輟地疼愛自己，祂們是如此開心。

★ 529 ★

你正在經歷的轉變，會幫助你與生命中重要的女性培養更緊密的關係。擁抱母性療癒的能量吧！

✴ 530 ✴

耶穌和神正在引領你度過當前的轉變。全心全意地相信祂們，永遠別懷疑你內在智慧的光。

✴ 531 ✴

對於你目前的所有目標與投入的事，光之守護者正在給予祝福和支持。要知道宇宙鼓勵你繼續前進。

✴ 532 ✴

你的天使鼓勵你向更高層次的力量臣服，相信它的能力。當你敞開心胸迎接愛，支持便如泉湧而來。

★ 533 ★

你站在揚升的階梯上，即將放下束縛你的一切，斬斷恐懼與過往創傷的繩索。呼求耶穌幫助你吧！

★ 534 ★

揚升大師、你的天使和指導靈都在身旁，以祂們的光與愛支持你，踏上眼前的旅程。這是一條深受祝福的道路。

★ 535 ★

你願意付出多少努力，擴展之路的根基就有多穩固。天使的指引鼓勵你燃起鬥志，請為將來的旅程做好準備。

✶ 536 ✶

你的天使想提醒你，你越願意分享、表達自我、肯定自己的天賦，就越能吸引機會。

✶ 537 ✶

你的靈魂成長多少，取決於你是否願意大步向前，在機會出現時積極把握。

✶ 538 ✶

你眼前的路不斷地延伸、擴展。花點時間看看自己一路走來的成長，肯定此刻的你。

✴ 539 ✴

宇宙鼓勵你與自己的祖先再次連結，女性先人又尤其重要。讓他們幫助你前進。

✴ 540 ✴

天使聽見了你祈求轉變的禱告。要知道在你前進之時，神聖秩序會適時介入，提供支持。

✴ 541 ✴

你必須做出你想看到的改變。你的每一步都有神陪著你，但是你得先踏出第一步。

✭ 542 ✭

宇宙正在引導你誠實面對自己，坦白表達自己的需要，讓你的關係更和諧、安定。勇敢說出真心話。

✭ 543 ✭

你的天使希望你明白，祂們看見了你提升自我的努力，也正在引導你邁向成長與擴展。

✭ 544 ✭

你的天使正在促成必要的轉變，祂幫助你感覺安全、有方向，也幫助你享受豐盛。邁向豐盛的大門即將敞開。

★ 545 ★

　　大天使麥可和其他大天使都在你身旁，鼓勵你切斷與目前狀況的關聯，回歸成長、擴展與喜樂的正途。

★ 546 ★

　　大天使邀請你深入內在世界，探問本心，思考什麼能帶你更靠近理想的境地，更貼近你想體現的能量頻率。

★ 547 ★

　　天使收到了你發出的禱告與意圖，正在為你努力。要知道，未來充滿無限可能，天使會帶領你邁向對自己、對世界最好的結果。

✷ 548 ✷

你的工作與人生目標正在經歷變動。要知道天使永遠會幫助你，讓你的生命與喜悅的能量同頻振動。

✷ 549 ✷

你的天使鼓勵你聆聽內在的聲音，並勇於照著它的指引做出改變，因為這些都是活出奇蹟人生的關鍵步驟。

✷ 550 ✷

神正在回應你的禱告。用心覺察，秉持開放的心胸，將思考格局延伸到你自己的期待之外。

★ 551 ★

你的心中有一道光，而這道光永遠不會熄滅。記得你的本質，相信這道光會帶你到你該去的地方。

★ 552 ★

宇宙邀請你用光、喜悅與和平照亮你的家庭和人際關係，祝福你所到的每一個地方。

★ 553 ★

你的努力和付出已經被看見，也一定會開花結果。維持現有的熱忱，繼續前進。

✦ 554 ✦

努力與毫不費力之間只有一線之隔。你的天使邀請你相信祂們，相信祂們幫助你的能力。秉持信念吧！

✦ 555 ✦

你所有的努力都在開花結果。你能夠擁有豐盛、活出豐盛、感受豐盛！敞開心房、展開雙臂，大方領受此刻生命中的美好。

✦ 556 ✦

為了領受，你必須準備好給予。用慷慨之心給予，以感恩之情接受。你的天賦是上天的禮物，必須與人分享才有價值。

★ 557 ★

你的信念正在塑造你當前的生命經驗。重新檢視你的核心價值，讓自己的頻率對準豐盛和富饒的能量。

★ 558 ★

眼前的路越來越暢通，你正無所畏懼地往前進。要知道，神性之愛會永遠支持你。

★ 559 ★

你的真我（true self）與身體我（physical self）正在形成神聖連結。感受由內而外的完整，享受健康人生的美好。

✴ 560 ✴

　　你的天使鼓勵你有意識地選擇放慢腳步。用心帶著正念過生活，能帶你敞開自我，迎來支持的能量。

✴ 561 ✴

　　你正在進行的事需要你全心全意地投入。天使指引鼓勵你排除讓人分心的因素，以及任何會阻礙你擴展的事物。

✴ 562 ✴

　　為了讓身旁的人改變，你必須願意改掉有礙成長的壞習慣與舊有模式。別忘了，在一段關係裡面，你們都是彼此的老師。

★ 563 ★

如果你願意放下緊緊抓著的舊回憶，宇宙便能給你更多支持。別再惦記著受過的傷，踏入和宇宙共創的新空間。

★ 564 ★

你的天使支持你自信做自己，安於自己的位置，也鼓勵你好好愛自己。

★ 565 ★

你關於財務、投資的任何擔憂，包含克服財務挑戰等問題，現在都被排解了。你即將獲得需要的答案。

✦ 566 ✦

　　天使指引鼓勵你先後退一步，蒐集更多資訊，再繼續前進。別貿然做出改變，因為這可能會影響你的復原與成長。

✦ 567 ✦

　　你心中的一切擔憂正在消散，宇宙鼓勵你別再退縮，勇敢前行。今天的你將迎來奇蹟。

✦ 568 ✦

　　宇宙並不是要阻礙或限制你，而是想鼓勵你秉持信念。你感覺缺乏資訊，只是因為得先踏出下一步，下一段旅程才會展開。但要知道，宇宙永遠會支持你。

★ 569 ★

現在的你擁有極敏銳的自我覺知。你靈魂的聲音無比清亮,放心相信內在傳來的訊息!

★ 570 ★

神已經聽見了你請求支持的禱告,也很快就會給予回應。

★ 571 ★

你現在面臨的情況是重要的生命課題,能幫助你記得自己的內在力量。勇於看見你的天賦,接受自己獲得的禮物。

✦ 572 ✦

花點時間與高我連結，是現階段的重要功課。你的靈魂如此古老，擁有許多你能連結，甚至記得的經驗。

✦ 573 ✦

你擁抱豐盛的意念、樂於分享的心態，正在為你開拓全新的道路，幫助你感受指引和支持。

✦ 574 ✦

對於深深吸引你的想法、事業計畫或學習機會，你的天使鼓勵你勇敢追求。你正在領受神聖指引。

✦ 575 ✦

你進入了魔法空間。星星已經對準你的頻率，準備為目前的情況迎接最好的結果吧！

✦ 576 ✦

當你願意面對內心的恐懼，旅程的下一階段才會展開。要知道你不是孤單一人，你可以做得到。

✦ 577 ✦

充滿奇蹟與魔法的好事正在發生。盡情感受眼前的各種美好吧！

✴ 578 ✴

保持開放的心態，接受當前生活中發生的改變。它們會為你帶來更多喜悅與成就感。

✴ 579 ✴

宇宙邀請你挺身而出，扮演領導者與老師的角色，並以身作則。你的力量與光芒是如此激勵人心。

✴ 580 ✴

要知道，你在生活中做出的小小改變，正在為世界創造大大不同。神很感謝你的付出。

★ 581 ★

你的天使邀請你回顧過往的旅程，看看自己曾克服的挑戰，肯定自己至今的蛻變與成長。你的生命充滿了奇蹟！

★ 582 ★

宇宙想提醒你，每一段關係都是一段旅程，都能給予生命滋養，幫助你更認識自己。

★ 583 ★

你的天使鼓勵你看見自己此刻的努力。並肯定自己，肯定你做的事；感覺不被他人重視時，更要為自己打氣。

✦ 584 ✦

指引天使已經來到身邊，鼓勵你選擇自己的路，接著順從內心直覺，做你該做的事。

✦ 585 ✦

你在地球上的旅程是用來享受的。以快樂的心投入你正在做的事，便能開創邁向機會與豐盛的康莊大道。

✦ 586 ✦

天使智慧邀請你帶著光去做任何事。別忘了，光之存有（beings of light）隨時在你身邊。感受祂們慈愛的臨在吧！

★ 587 ★

你的旅程正在顯化機會，幫助你再次駕馭內在力量，勇往直前。這是你找回自信、表達自我的時刻。

★ 588 ★

你像鳳凰一樣擁有引領轉變、開創新局的力量，你飛越曾經限制你的一切。展開羽翼，振翅高飛吧！

★ 589 ★

近來的經驗帶給你許多體悟，也讓你深刻明白，你與真實自我的連結，遠比你以為的緊密。自我照顧是現階段的重要功課。

★ 590 ★

看見你終於回歸靈性道途，神感到十分寬慰。不過，偏離正途其實是必經的過程，因為現在的你更懂得欣賞自己、肯定自己的成長。

★ 591 ★

你的生命經驗是啟發世界的智慧之光。你的天使鼓勵你繼續努力，為世界展現你最棒的一面。

★ 592 ★

你現在遇見的人，可能是生命旅程中的貴人，能幫助你大幅成長。

✱ 593 ✱

你的能量正在揚升到更高的頻率。務必知道一切尚在照常運作，只是你的神性連結進一步深化。

✱ 594 ✱

天使正在打開你的頂輪，好讓你接收神聖指引。你正在揭開靈魂的記憶。

✱ 595 ✱

你的脈輪已經與水晶之光（crystalline light）同頻調和，讓你能領受充滿啟示的訊息，與更崇高的生命意義連結。

✴ 596 ✴

你的靈性身體需要時間與空間來修復。你很努力想駕馭自我，但這個過程也需要給自己盡情探索、玩樂的空間和時間。

✴ 597 ✴

你此刻的能量充滿吸引力，讓許多力量強大的天使紛紛前來，用金色的聖光與機會圍繞著你。

✴ 598 ✴

你發揚靈性天賦、為世界貢獻的努力已經被看見。邁向機會的大門、通道、傳送門此刻全都為你敞開。

✱ 599 ✱

你進入了深刻頓悟與連結的空間。相信來到你心中、在你能量中流動的神性智慧。

✱ 600 ✱

神正在修復你的能量。休息一下，做點深呼吸，感覺恢復活力。

✱ 601 ✱

宇宙正在引導你與心靈深處連結。花點時間誠實面對自我，給自己多一點耐心。這是療癒恢復的時刻。

✹ 602 ✹

務必騰出時間經營友情與其他關係。與他人相處能讓你有所收穫，你也有很多東西能給予和分享。

✹ 603 ✹

你的心靈感應與靈性覺知正在大幅提升。要知道你獲得的洞見與異象都是來自神性的啟示。相信你此刻聽見的訊息。

✹ 604 ✹

你的天使正在將慈愛之光注入你的能量中。務必花點時間，感受能量增幅、獲得補給的美好。

✦ 605 ✦

你與豐盛的連結並沒有受阻，但是宇宙邀請你認真
看待自己的意圖，因為你的注意力被分散了。

✦ 606 ✦

讓你的願景、目標、理想和財務狀況對準神的頻
率，便能獲得愛的力量與臨在支持。

✦ 607 ✦

宇宙正在引導你與自己靈魂的魔法和力量同頻共
振。你與天堂和大地共為一體，讓這份真理點燃你的
鬥志。

✦ 608 ✦

生活中出現了改變現狀的機會。要知道你獲得了嘗試新事物、設定新願景的契機。

✦ 609 ✦

你正在領受來自靈魂的重要降示。花點時間平靜心神，感受內在傳達的訊息。你已經與前世的記憶和療癒能量連結。

✦ 610 ✦

你的能量頻率已經與神和你靈魂的旨意相結合。你正在做對的事，也走在正確的道路上。

✴ 611 ✴

在你連通的神聖覺知的支持下，你的心、靈魂和生命正在不斷擴展，並與此刻和未來一切萬有的生命力與光合一。

✴ 612 ✴

你的心請你以真誠、毫無保留的態度面對關係。放下蓄積在心裡的壓力吧！

✴ 613 ✴

誠實面對自己，是擴展生命的關鍵。在身心健康與自我照顧上，務必好好檢視自己的狀況，別再逃避你一直推遲的事情。

★ 614 ★

你的天使鼓勵你在繼續前進之前，先與自我對話，重新檢視你的需要。在投入下一件事之前，務必感覺活力恢復、能量充沛。

★ 615 ★

豐盛是宇宙能量的自然展現，反映了你能否看見自己的價值。天使智慧鼓勵你前往內心深處，了解你值得擁有豐盛。

★ 616 ★

宇宙鼓勵你為自己的心靈和情緒健康做最好的選擇。為自己保留空間吧！

★ 617 ★

　　你必須先關上通往過去的門，下一扇門才會打開。天使智慧鼓勵你以慈愛之心，釋放阻礙你獲得喜悅和成長的一切。

★ 618 ★

　　你的天使鼓勵你在往前進之前，先與讓自己快樂、幸福的事物連結。如果必須在喜悅與悲傷之間選擇，祂們鼓勵你積極擁抱喜悅。

★ 619 ★

　　宇宙想提醒你，作為、不作為與做決定都是力量的展現。積極掌控目前的狀況，你才能主導最終結果。

✦ 620 ✦

你正在克服干擾個人靈性連結的因素。神很高興能
與你再次搭上線。

✦ 621 ✦

你與自己的關係更緊密、更親近了；你進入了自我
尊重的奇蹟空間。要知道你值得擁有這一切。

✦ 622 ✦

和諧與平衡的能量正在流入你的個人關係。所有擋
在你與愛之間的障礙都正在被清除。

✦ 623 ✦

你身旁圍繞著揚升、前進的能量。任何阻礙溝通或理解的因素都正在被排除。

✦ 624 ✦

你的天使團隊已經來到身旁，鼓勵你做自己熱愛的事。這是你展開羽翼、振翅高飛的時刻。

✦ 625 ✦

你的天使鼓勵你在工作上，或投入發揮創造力的活動時，放下控制一切的執著。當你後退一步，天堂的指引便能往你靠近一步。

✦ 626 ✦

你的天使在引導你盡最大努力照顧自己。多活動身體，做點恢復能量平衡的事，並整理思緒、沉澱心靈。

✦ 627 ✦

如果眼前的機會將帶來痛苦和焦慮，你的指導天使鼓勵你勇敢說「No」。如此一來，你才能對自己、對生命成長說「Yes」。

✦ 628 ✦

天使智慧想提醒你，你的存在是為了感受幸福、表達幸福。祂們正在引導你投入讓你快樂、讓心雀躍飛舞的事。

✦ 629 ✦

謝謝你花時間清理思緒和能量，用心照顧自己的健康。你的靈魂此刻充滿聖光與靈性智慧，你的努力一定會有回報。

✦ 630 ✦

天使想提醒你，你毋須永遠在第一線拚命工作。肯定自己的表現，明白你最近在心態上和與人相處上所做的改變都讓神非常開心，也支持神聖計畫進一步開展。

✦ 631 ✦

你來到了深邃的能量洞穴，務必潛入內心深處，聆聽神性揭示的訊息。別忘了，神性之愛永遠在你心中。

✷ 632 ✷

當你能夠在關係裡完全做自己，便能找回內心的安定與平衡。放下討好他人的需要，展現最真實的自己。

✷ 633 ✷

揚升大師正將你的能量系統提升到更高層級。你會感覺自己的靈視更清晰，更深化與靈性天賦的連結。

✷ 634 ✷

你的天使想謝謝你花時間平衡能量系統。你與天堂和靈界的連結變得更加堅固。

✷ 635 ✷

你的天使正在引導你度過能量轉變階段。要知道，祂們鼓勵你做出必要的決定，讓自己能展露天賦，朝幸福更進一步。

✷ 636 ✷

歡迎回到最真的自我。你終於再次進入愛的空間，能夠好好善待自己。天使正在你身旁飛舞，慶祝你接受自己的全部。

✷ 637 ✷

要知道，你的意圖和顯化禱告已被聽見。宇宙為你的靈魂和世界的至善做了安排，將在最適合的時空序列下給你回應。天使鼓勵你全心相信、秉持耐心。

✷ 638 ✷

你展開這趟地球旅程，是為了擴展你的意識維度，讓頻率對準更崇高的生命意義。在你的前世，或是這趟旅程的前期，你曾經與神和聖靈斷絕了連結。現在是找回連結、深化關係的時刻。

✷ 639 ✷

宇宙鼓勵你在繼續前進之前，先花點時間領受。有時候，接受這個世界的真實樣貌，是感受連結最美好的方式。

✷ 640 ✷

神和天使正在敞開你的心胸與能量，好讓你感受、表達神性之愛。你的存在本身就是給世界的禮物。

✦ 641 ✦

別小看自己的天賦。你擁有能照亮世界的獨特光芒與才能。天使就在你身邊，溫柔鼓勵著你。

✦ 642 ✦

你的天使鼓勵你明白，你想找的答案其實就在你身上。別再向外尋覓，開始往內探索吧！

✦ 643 ✦

來自內心的聲音絕對錯不了。天使智慧鼓勵你相信內心感應到的訊息，順著內在直覺行事。

✦ 644 ✦

你的天使正在擴展你的心輪，好讓你體會更深刻的愛，並與天使、與支持你的指導靈和祖先培養更親密的連結。

✦ 645 ✦

大天使麥可和大天使拉斐爾已經來到身邊。要知道你已經被療癒能量圍繞，受到完善保護。

✦ 646 ✦

天使鼓勵你在繼續前進之前，先花點時間深呼吸，檢視自己目前的狀況。祂們想提醒你，謹慎與耐心是美好的靈性特質。

★ 647 ★

你的天使鼓勵你勇敢前進。別再等待他人同意。積極主導事情發展。奇蹟時刻即將發生。

★ 648 ★

眼前的路變得暢通無阻。一切困難、障礙和疑慮都被排除了，你將再次感到安穩平衡。

★ 649 ★

你的天使鼓勵你看見此刻心中升起的情緒。這些感受都是來自靈魂的訊息，訴說著它的成長。

★ 650 ★

神正在給你答案、奇蹟以及你需要的一切，幫助你順利前進，與讓自己快樂的事物連結。

★ 651 ★

大天使提醒你記得個人意志的力量。重新與內在力量連結，你知道它就在心中。你已經克服了這麼多難關，創造了這麼多美善。

★ 652 ★

無論是面對你愛的人，或是讓你心累的人，宇宙都鼓勵你將和平的能量帶入關係裡。要知道不管你到了哪裡，你都有化身為地球天使的力量。

★ 653 ★

你正在擴展你的能量與天賦。要知道任何挫折，或是停滯不前的感受，都只是能量在重新校準，好讓你的振動揚升到更高頻率。

★ 654 ★

你的天使正在支持你度過必要的轉變。要知道，當你為新的事物保留空間，你也為奇蹟保留了空間。

★ 655 ★

你正在顯化支持與豐盛的美好機會。你與地球分享的愛正在回到你身上，祝福你的生命。

✦ 656 ✦

你過去曾經多次犧牲自己的快樂與幸福。宇宙鼓勵你明白，你不需要再這麼做了。從現在開始，你能活出更愛自己的人生。

✦ 657 ✦

你的心經歷許多與愛有關的生命課題。天使智慧想提醒你，你活著不是為了尋找愛，而是為了記得愛就在你心中。當你在心裡找到它，愛就能在外在世界顯化。

✦ 658 ✦

你的能量正在顯化通往機會與喜悅的許多道路。要知道沒有所謂錯誤的選擇。你走的每一步都會帶你更靠近生命的真諦與完滿。

✦ 659 ✦

要知道你的能量正在擴展，你的整體靈性覺知正在提升。你近期的作為與決定都與愛的頻率同步。你內在導師的聲音是無比清楚、嘹亮。

✦ 660 ✦

神鼓勵你在繼續下去之前，先好好把事情想清楚。

✦ 661 ✦

神希望你明白，你並未受到譴責，你早已被原諒。換你原諒自己了。

✦ 662 ✦

你正在經歷的課題之所以出現，是因為你還無法給
對方同理心和原諒。原諒他人是一種解脫，也是你能給
自己的禮物。

✦ 663 ✦

你的能量現在需要你全神貫注、認清真相。務必選
擇能帶你邁向喜悅的道路，別被小我的渴望與虛假的承
諾牽著走。

✦ 664 ✦

天使智慧鼓勵你聆聽靈魂的聲音，讓它針對此刻你
生活中的人提供指引。

✶ 665 ✶

宇宙鼓勵你誠實面對自己，勇敢做出需要的改變，否則之後將衍生問題，阻礙你邁向至善與自由。

✶ 666 ✶

暫停。停下腳步。**不可以**。不要貿然做出任何決定。你的小我已掌控一切，正在帶你前往悲傷與恐懼的深淵。但你能夠拿回力量。呼求神的聖光協助你。

✶ 667 ✶

你正在脫離絕望與恐懼的泥沼，從重重困難中解脫。要知道天使在引導著你。對自己、對你的光和你的天賦懷抱信心。

✦ 668 ✦

繼續幫助他人，也繼續照顧自己。這些善行正在照亮你眼前的路。一切會越來越輕鬆、順利。

✦ 669 ✦

要知道最壞的情況已經過去。你正在回歸真我，也會開始感覺充滿能量與鬥志，對未來的方向無比確定。

✦ 670 ✦

神正在以力量與聖光將你圍繞。面對眼前的情況，持續專注在最好的結果上，它就能顯化。心懷信念吧！

✵ 671 ✵

　　希望的能量現在圍繞著你。請相信你的禱告已經被聽見，也將獲得回應。你需要的答案就在不遠處，也正在向你顯現。

✵ 672 ✵

　　你的意念和意圖正在引導你的生命之流。如果想要成長，你需要用心、用愛經營關係。

✵ 673 ✵

　　你的靈創造了恩典的能量流，讓你眼前的道路變得無比暢通、明亮。你顯化奇蹟的旅程正在順利展開。

★ 674 ★

你的天使渴望參與你的人生，但是祂們需要你同意。呼求天使前來，讓祂們支持你擴展生命的意義、擴展靈魂。

★ 675 ★

你已經做出和願意做出的改變，都被神和天使看見了。要知道，祂們正在向你揭示旅程的下一步。未來的路並不輕鬆，但是只要秉持決心，你終將實現目標。

★ 676 ★

眼前出現的機會能幫你重新找回平衡，對人生目標更堅定。即使有些事情對於你的重要性不如以往，天使智慧鼓勵你別急著放棄。處理好未完成的事物。

★ 677 ★

你在尋找的逐漸出現在眼前。奇蹟正在流入你的生活，你的禱告也開始獲得回應。擁抱生命的美好吧！

★ 678 ★

生命中即將出現讓你在個人與工作上都有所成長的機會。進入專注狀態，準備展開精采的旅程。你正爬上通往成功的階梯。

★ 679 ★

你的高我和內在智慧，與此刻生命中出現的機會同頻調和。天使指引並鼓勵你勇敢採取行動，讓你知道自己受到滿滿支持。

✦ 680 ✦

神支持你目前的生活重心和選擇，你的道路受到愛的力量與臨在祝福。享受這份溫暖的支持吧！

✦ 681 ✦

花點時間思考自己現階段覺察到的訊息、模式與課題，試著了解背後的含意。別忘了，你的意念和意圖會影響你的生命經驗。

✦ 682 ✦

你的天使鼓勵你記得，這是屬於你的旅程。這是你的夢想；別再依賴他人，或等待他人與你同行，因為你可能會等上好一陣子。相信自己的能力與天賦吧！

★ 683 ★

對於你曾經犯的錯、造成的問題，宇宙鼓勵你給自己多一點愛與同理心。你已經盡了最大的努力。放下這些過往記憶，書寫新的人生篇章吧！

★ 684 ★

開始展露你的天賦吧，讓它們帶你邁向更美好的未來。你的天使正在支持你。

★ 685 ★

改變並沒有不好，而是一種福分。天使智慧鼓勵你明白，未來的路上會有更多改變。請相信神永遠會告訴你最好的方向。

✦ 686 ✦

你正在經歷的生命課題並不代表失敗，而是重新整裝出發的機會。不過，在繼續前進之前，務必盡全力處理目前的情況。

✦ 687 ✦

你的天使鼓勵你積極主導目前情況，扮演老師／領導者的角色。你能與他人分享的訊息與真理，也是你自己需要的智慧。

✦ 688 ✦

你的道路受到神和天使的祝福。金色機會正在往你前進。準備迎接奇蹟吧！

★ 689 ★

歡迎回到你的內心深處。你再次與最真的自我連結。愛就是你的本質。

★ 690 ★

神為你的成長感到驕傲。謝謝你再一次相信自己。

★ 691 ★

你追求成長、深化靈性的決心獲得了肯定。你的決心非常重要,因為你越認識自己,就越能認識神和你的天使。

✦ 692 ✦

生活中出現了感受全新的愛的機會，也許是有了新的關係，或是既有的關係有新發展。無論如何，要知道這是擁抱愛的時刻。

✦ 693 ✦

你越相信自己值得擁有愛，就越能愛人，也越能被愛。你**當然**值得。愛是你的，是屬於你的豐盛。

✦ 694 ✦

你的天使想對你說聲感謝，謝謝你經常花時間與祂們連結，接收祂們的訊息。如果此刻心中感應到訊息，要知道這是來自天使的啟示。

✦ 695 ✦

　　宇宙正在衡量你的靈性覺知力和追求成長的決心，為你規劃未來的道路。要知道，祂永遠不會安排你應付不來的事。重新與你的意志和強大的內在力量連結，將不可能化為可能。

✦ 696 ✦

　　如果你感覺近期生活的步調慢了下來，天使鼓勵你相信生命之流的安排。放下讓自己一刻不得閒的習慣，記住少即是多。

✦ 697 ✦

　　你追求擴展的決心、對自我價值的肯定，讓你的夢想、理想和目標快速顯化。享受豐盛，並了解這些美好是為了讓你記得：你是綻放力量、美麗與價值的靈魂。

✦ 698 ✦

你的旅程開始快速擴展，你在尋找的方向也越來越清楚。謝謝你願意相信神聖計畫。

✦ 699 ✦

你的內在菩薩已經覺醒。相信此刻你接收到的任何靈感啟示或異象，因為它們都是來自靈魂的記憶片段。

✦ 700 ✦

要知道神就在你身後，陪伴著你的每一步。你需要的奇蹟已經在你心中。相信自己照亮世界的力量吧！

★ 701 ★

此刻圍繞著你的意圖與顯化能量非常強大。繼續專注在眼前的道路上。

★ 702 ★

神正在協助你發展關係。如果想與所愛的人拉近距離，要知道機會此刻就在你眼前。

★ 703 ★

要知道，你對未來的願景正在眼前快速展開。神性智慧鼓勵你維持熱情，持續專注在最棒的結果上。

✦ 704 ✦

你的天使正在以實際顯化的方式，傳達祂們的臨在與訊息。張開雙眼、敞開心胸，從不同的角度看事情，用心覺察天使支持你的蹤跡。

✦ 705 ✦

你正在汲取星星的能量，宇宙鼓勵你將眼光放遠，設定更崇高的目標。

✦ 706 ✦

當你從讓人心力交瘁的情況中解脫，顯化奇蹟的能力便能綻放。拿回事情的主導權吧！

★ 707 ★

神已經聽見了你的禱告，並希望你知道，你需要的奇蹟正在往你的方向前進，幫助你實現至善、活出最真的自我。享受這股魔法能量吧！

★ 708 ★

你是你身體與生命的守護者。天使智慧想提醒你，別被自己無法控制的因素困住，讓你的意念、意圖和行為連結能支持你前進的能量。

★ 709 ★

你現在經歷的一切都是靈魂的安排，為的是幫助你的靈魂成長。用開放的心態迎接新機會與新方向。

✶ 710 ✶

神的力量就在你心中。深化靈性的體驗即將展開，幫助你擴展生命。

✶ 711 ✶

你的努力和計畫都受到宇宙支持。合一的力量正在流入你心中，幫助你開創截然不同的生活。這股改變的活水會進而為世界注入愛，帶來成長和療癒。

✶ 712 ✶

你與生命中重要他人的關係非常可貴。別忘了將光的能量帶到既有的連結和關係裡及職場互動上。你正在學習和與人分享的課題，都必須從生活中實踐。

★ 713 ★

　　此刻的你身旁圍繞著往上揚升、往前邁進的能量。在共時性（synchronicity）的運作下，看似不起眼的巧合，能促成偉大的奇蹟。你的信念正在開花結果，你的天使邀請你繼續與這股正能量同頻共振。

★ 714 ★

　　你的天使樂於協助你展開往後的旅程，祂們想提醒你，你不需要事先規劃好每一步。請求你需要的所有協助，便會看見神性為你揭示的未來方向。

★ 715 ★

　　你的天使正在慶祝你近期的顯化和奇蹟經驗。你現在經歷的一切，都提醒了你和宇宙的創生原力連結。

★ 716 ★

你的天使正在幫助你感覺煥然一新，再次與神性連結。這股療癒能量非常重要，因為未來的路需要你發揮專注力與毅力。這是暴風雨前的寧靜時刻。

★ 717 ★

你的魔法能量已經被解放。你進入了能顯化一切夢想的魔法空間。讓頻率持續對準至善的意念與感受，便能吸引讓人驚喜的神奇轉變。

★ 718 ★

花點時間反思至今的旅程，想想自己遇到哪些值得感恩的事與奇蹟時刻。這能帶你進入充滿顯化力量的空間，幫助你創造更多豐盛。這是感受祝福的時刻，第一步是看見你生命中已經存在的愛。

✦ 719 ✦

別害怕自己的力量。宇宙的無限力量與你連結，也支持著你。神在你身邊，也在你心中，並提醒你記得：別害怕分享你的天賦，這是值得慶祝的事。

✦ 720 ✦

神和天使明察一切的眼正凝視著你的生活和關係。務必與你所愛的人一起規劃目標和願景，讓他們感覺被重視，感覺成為你未來的一部分。

✦ 721 ✦

你正在和宇宙培養更親密的關係。先前也許感覺與神性失去連結，但現在你已深刻明白，你是被愛著的。

✦ 722 ✦

你來到了個人旅程的關鍵階段。別忘了，你是值得受到幫助的。專注在自己值得的意念上，能吸引前所未有的機會，讓你進一步被看見、聽見。呼求顯化天使的協助，祂們都很樂意支持你。

✦ 723 ✦

往上揚升、往前邁進的能量正圍繞著你，但務必放下追求完美的執著，專注於自己能為地球創造的美善。前進的步伐再小也是進步。要知道天使就在你身旁。

✦ 724 ✦

這是肯定他人，也肯定自己的時刻。要知道，當天使注視著你，祂們看見的是偉大與愛的耀眼光芒。

★ 725 ★

天使智慧鼓勵你解放你的靈。不要有所保留，展現你奔放、野性的自我，跟著生命的神聖旋律舞動吧！

★ 726 ★

花點時間看看自己的生活圈，思考自己經常來往的人，能讓你的旅程更加順暢。尋求神聖指引，讓內在直覺告訴你誰值得信任。

★ 727 ★

你是生命的魔法師。你是神聖的祭司。你是連結不同界域的中介者。天堂的力量與聖光此刻與你同在，也在你心中。

✦ 728 ✦

眼前出現了一個機會，能幫助你稍微調整腳步，與最初的意圖更調和一致。重新檢視你的初衷，接著評估目前的狀況，並做出必要的改變。

✦ 729 ✦

宇宙想提醒你，如果想看見未來的方向，務必相信神與聖靈的力量。放下質疑的念頭，懷抱堅定信念。

✦ 730 ✦

你當前的生命經驗，向身旁的人證明了他們能做到的事。務必保持從容淡定的接地姿態，這能讓祝福的暖流不斷注入你的生命。

✴ 731 ✴

揚升大師正在以祂們的光，祝福你邁向自我主宰的
道路。展現你最真的自我，從黑暗中超脫吧，聖光就在
你心中。

✴ 732 ✴

天使智慧鼓勵你勇於原諒，方能得到療癒。看見每
個人身上的光，並記得當你與愛的頻率相結合，你的愛
能蔓延到世界上每一個角落。

✴ 733 ✴

耶穌和聖靈正在以祂們的光祝福你。聖靈會一直支
持你，而當你流露心中的愛，奇蹟自然會跟著來到。要
知道，愛是真實不虛的。

✹ 734 ✹

你的天使團隊正在透過能量降示揭露真理，其中包含對你目前狀況的指引。花點時間領受來自天堂與星光界（astral realm）的深刻智慧。

✹ 735 ✹

這是體會無限豐盛的時刻。眼前路上的阻礙正在被排除，靈性支持的力道正在提升。務必喜悅迎接此刻生命中出現的改變。

✹ 736 ✹

宇宙正在引導你強化個人心靈防護的等級。照顧自己的能量和情緒健康非常重要。斬斷將自己與過去綁住的繩索，呼求天堂的無上保護吧！

✴ 737 ✴

天使鼓勵你保持平靜、沉著的心。相信你和他人心中的善。持續專注於光，當你與光的能量連結，便能創造祝福之流，將夢想化為現實。

✴ 738 ✴

宇宙正在引導你相信天堂，並知道你是安全的。天使永遠與你同在，此刻也陪在你身邊。放心將你對未來的擔憂交給天堂，未來的路便能順利展開。

✴ 739 ✴

你的心正在覺醒，象徵神聖女性的上師鼓勵你擁抱神性之愛。你即將迎來重要的生命課題，學習在施與受之間取得平衡。

★ 740 ★

　神和天使鼓勵現階段的你與地球連結。當你安穩接地，你將發現有關生命旅程的重要訊息。

★ 741 ★

　你的天使正在幫助你用祂們慈愛的雙眼看自己。你已經克服了舊有的恐懼，跨越了關於自我價值的阻礙。你看待自己的全新眼光，會為你創造機會，讓你能為他人付出，也從中獲得。

★ 742 ★

　你的天使鼓勵你相信，眼前的情況會幫助你悟得更高的智慧。務必明白，過往的生命經驗都是可貴的，都能帶來啟發。為了繼續前進，你需要深入與自我對話。

★ 743 ★

發掘過去被隱藏或遺忘的特質與天賦，這是重新認識自己的時刻。你的守護天使正在向你靠近，幫助你深入內心，用好奇與讚嘆的眼光看見自己。

★ 744 ★

天使正以靈性豐盛的能量祝福你的路。你先前對於安全、健康的擔憂，對缺少、不足的害怕，此刻都已排除。通往機會的大門正在敞開，你的收入將逐漸增加。

★ 745 ★

隨著你活出最真的自己，大天使麥可正在幫助你感到安全、安心。不要有所顧忌，這不是害怕的時刻，而是慶祝自我本質的美好時刻。要知道天使正在一旁為你喝采，慶祝你接受了自己的全部。

✴ 746 ✴

天使智慧鼓勵你燃起鬥志，展開行動。此刻的你不該遲疑退縮，這是勇敢前行的時刻。別讓小我主導局面，讓你的靈魂和天使團隊照亮眼前的路。

✴ 747 ✴

這是你乘風高飛的時刻。展開羽翼，把內心想表達的一切全部抒發出來，讓心靈自由。天使正與你一同翱翔，渴望幫助你活出天命。

✴ 748 ✴

你正在接收祝福。你已經與過去的許多事和解，這種超然的心態正在點燃你靈魂的能量，創造提升振動頻率的機會，讓你往揚升更靠近。

★ 749 ★

天使智慧鼓勵你秉持信念，勇往直前。務必知道，加速成長的好機會就在眼前，而你心中的信念將幫助你深入與自我連結。

★ 750 ★

神正在實現你的願望，並針對你的禱告給予明確回答。你不需要再次請求，只需要用心領受。

★ 751 ★

你正在面臨的生命課題是自己造成的結果。天使智慧鼓勵你進入愛自己、接受自己的空間，因為這有助清除內心一切阻礙，照亮你需要的解答，讓你繼續前進。

★ 752 ★

你生命中的關係能帶給你深刻的體悟。不妨趁著現在，向他人吐露心事、抒發情緒。帶著愛訴說，讓自己的聲音被聽見。讓天使幫助你。

★ 753 ★

你正在釋放舊有的生命課題與業力。告別內心小劇場，也從他人的問題中解脫。這是你創造、安排自己的路的時刻。為正能量和美好經驗創造空間。

★ 754 ★

天使鼓勵你勇於做出自己需要的改變，好讓神聖秩序支持你的生命。做自己覺得對的事。重要的生命課題正在展開。

★ 755 ★

星際之門（stargate）已經打開，你身處於無限機會的宇宙中心。你的意念具有強大能量與吸引力。此刻發生的改變與你的意志和神聖秩序完美調和。

★ 756 ★

天使智慧鼓勵你思考內心的渴望，並將眼光放遠。期待最完美的結果發生，你聚焦的意念將為你顯化令人驚喜的現實。

★ 757 ★

你活出最棒的自己的決心，讓你的意識、靈魂都持續擴展。你開始了解自己與一切萬有的連結，也逐漸體悟生命此刻呈現的課題。

✷ 758 ✷

你來到這世上，是為了踏上真理的道途。這是昂首闊步的時刻。專注在你的目標上，便能感受到支持。放下被批判的舊有恐懼，勇敢表露最真的自我。這會為你創造前進的機會。

✷ 759 ✷

這是神聖煉金術（divine alchemy）時刻——你正在將鐵鉛般沉重的舊能，淬煉成金色光能，並從過去的事件與困境中超脫，進入充滿力量與正向的空間。

✷ 760 ✷

神鼓勵你聆聽天使的提醒，開始放慢腳步。這是平靜心神、帶著覺知行事的時刻。務必讓頻率與真理相結合，別忘了顧及身旁，以及會受你決定影響的人。

★ 761 ★

你的天使鼓勵你在採取下一步之前,先好好與自我對話。祂們很樂意為你照亮眼前的路,但你必須先誠實面對自己。

★ 762 ★

你對生命中的人付出的關愛、照顧,都被天堂看見了。神性想感謝你這一路上,為了幫助他人而做出的所有犧牲與退讓。現在,輪到你的意志和夢想開花結果。

★ 763 ★

此刻的你與自己的生命力連結合一。展現你的熱情,別因為內在湧現強大的性能量而擔憂,那是你充滿創造力的自我燃起的火。

✦ 764 ✦

你的天使鼓勵你花點時間休息，為氣場和脈輪系統補充能量。你也許覺得疲憊不已，但別因此沮喪或退縮不前。只要好好恢復能量，便能繼續帶著愛前行。

✦ 765 ✦

天使正在將你的財務狀況和安全感提升到更高層次。做好準備，幫助你體驗豐盛的好消息即將到來。

✦ 766 ✦

天使與揚升大師鼓勵你進一步綻放耀眼光芒。別讓任何人、任何事阻礙了你與生俱來的光。內在指引正在浮現，並將為你提供支持。用心聆聽吧！

✦ 767 ✦

　　這是相信與成長的時刻。你的天賦正在顯露，你綻放光芒的能力讓天使讚嘆不已。要知道，生命中可貴的體悟有時來自引導他人。與世界分享你的知識吧！

✦ 768 ✦

　　天使鼓勵你敞開心胸，用開放的心態面對新機會。獲得幸福與光的方法不只一種。療癒與支持的訊息正在向你顯現。讓視野更開闊吧！

✦ 769 ✦

　　與你的情緒連結，點燃心中的熱情之火。當你與野性、原始、無拘無束的本心連結，驚人的顯化便會發生。盡情展露你最真、最完整的自我。

★ 770 ★

神正在連連點頭，對你說「Yes」。去吧！堅定前行，採取行動。

★ 771 ★

你已經拓展了讓奇蹟顯化的空間，是時候誠實面對自己，釐清內心真正的渴望了。此刻的你只需要清楚的意圖。

★ 772 ★

全心全意地投入你的關係。此刻的你必須展現認真、坦誠的態度。關係是一種給予和接受的交流；你的天使希望你多用點心，積極投入生命中有意義的關係。

★ 773 ★

你現在遭遇到的一切阻礙，都只是內心疑慮和恐懼的投射。別害怕自己的力量與光，鼓起勇氣、誠實面對、駕馭自我。啟動勇士模式吧！

★ 774 ★

你的天使正在幫助你看見生命中重要的事。這是你脫去舊殼的時刻，將遮蔽你的光、消耗你靈魂的一切都放下。

★ 775 ★

指引天使此刻圍繞著你，幫助你釐清未來的方向。祂們正等著你專注心神，好引領你前進。集中注意力，敞開心胸接受指引。

✴ 776 ✴

天使鼓勵你秉持耐心，再稍等一下，同時也希望你知道，你盼望已久的奇蹟即將到來。深呼吸。

✴ 777 ✴

你的魔法和顯化能力正在提升。啟動你的內在超能力，讓你的魔法蔓延全世界。

✴ 778 ✴

你的天使鼓勵你不要只看眼前的情況，並相信生命中的每件事都有它的意義。要知道，一切事情都會在最剛好的時刻發生，幫助你與至善和真理連結。

★ 779 ★

　　愛之天使此刻圍繞著你，引導你敞開心房。這是愛人與被愛的時刻。讓愛流入心中，再流向世界吧！

★ 780 ★

　　你目前的旅程和生命課題與你的祖先有關。神想提醒你，你的家族故事背後有一個因果，祂鼓勵你看見家族的擔憂或過往創傷，讓陳舊的模式得到療癒。

★ 781 ★

　　天使智慧邀請你欣賞自己的生命旅程，肯定自己做出的貢獻。少了你的付出，你此刻的經驗將截然不同，務必看見你獻給世界的光與天賦。

✦ 782 ✦

你目前的連結或關係是一次寶貴的經驗。務必把握現在讓關係更進一步，因為這能讓你體會更深刻、更刻骨銘心的愛。

✦ 783 ✦

你遇到的挑戰並非真的挑戰，而是難得的機會。你能從中看見自己戰勝黑暗、克服困難的力量。此刻的你擁有最耀眼的光、最強大的復原力。

✦ 784 ✦

你的天使正在幫助你了解目前的方向。請相信當時機成熟，一切都會順利展開。在這段期間，別忘了繼續發揮你的創造力與天賦。

✷ 785 ✷

天使智慧想提醒你，活出喜悅又充實的人生是你的天命。花點時間排除讓你不快樂的元素，聚焦在帶給你幸福感的事情上。

✷ 786 ✷

天使希望你記得說「不」的力量。當你對耗損心神、討人厭的負能量說「不」，就是為自己騰出了顯化奇蹟的空間。

✷ 787 ✷

你的能量正在提升到更強大的層級，好讓你為地球創造更美好的改變，帶來更多療癒。宇宙需要你和你的天賦，祂感謝你準備好帶著天賦勇往直前。

★ 788 ★

你現在經歷的共時性事件，反映心中蘊藏的吸引力能量。你能讓想要的一切成真，不妨與內心最深處的渴望連結。如果你的心願能幫助你擴展，就會立刻顯化。

★ 789 ★

強大的靈性蛻變能量正圍繞著你。這是鼓起勇氣的時刻，澈底克服最深層的恐懼、勇敢直視心中的黑暗。你擁有揚升高飛的機會，但得先願意克服心中的陰影。

★ 790 ★

你的內在力量正在竄升。回歸完整合一的自我，並知道神一直守護著你、支持著你的道路。別忘了，你渴望的所有力量都在你心中，天堂的國度也是。

✴ 791 ✴

你的生命正在與神聖計畫調和。請相信一切都會在
最完美的時刻發生。

✴ 792 ✴

天使邀請你揚升頻率，禮讚內在的生命力。宇宙正
在給你支持，向你揭示邁向超越（transcendence）的路
徑。相信你領受到的一切，勇往直前。

✴ 793 ✴

你的目標和理想需要更多時間、耐心、能量和決
心，才能順利顯化。多花點時間投入禱告、冥想和靈性
練習，對你會有很大的幫助。

✦ 794 ✦

你接收到的徵兆和訊息，是天使在提醒你記得祂們充滿愛的臨在。走在這條路上的你，永遠不孤單。

✦ 795 ✦

宇宙正在給你充滿智慧的靈性啟示，指引你未來的方向。祂清楚知道你需要什麼，才能實現生命的至善。

✦ 796 ✦

你的天使鼓勵你不要急，一步一步來。前進之前，先與大自然連結、呼吸新鮮空氣，讓能量獲得恢復。

✦ 797 ✦

相信此刻心中升起的情緒，它們正在幫助你看見最重要的事，幫助你和你的道路擴展。

✦ 798 ✦

你在思考自己是否在做對的事，或走在對的道路上嗎？放下這些擔憂，因為這些都只是阻礙你的伎倆。你的生命充滿了光、充滿了意義，天使很高興有你。

✦ 799 ✦

要知道你是與靈連結的。你的通靈能力和靈性連結正在快速強化。

★ 800 ★

　　神邀請你活出有意義的人生。祂希望在你的生命中扮演更重要的角色。如果你準備好踏出下一步，只要設定清楚的意圖，下一步自然會向你顯現。

★ 801 ★

　　天使指引鼓勵你繼續專注在自己的道路上，放下跟他人有關的煩惱。

★ 802 ★

　　好好思考如何更用心投入自己的關係，眼前的道路會變得暢通無阻。

✴ 803 ✴

你近期把握住的機會非常重要，能帶領你的靈性向上成長。

✴ 804 ✴

你的天使鼓勵你記得，你的真理和真誠表露自我的心，是送給世界最棒的禮物。

✴ 805 ✴

你的脆弱正在助你一臂之力。相信神和你的天使，並知道你的道路正在順利展開。

✦ 806 ✦

隨著你在旅程上繼續前進，務必保持正念覺知，謹慎地走每一步。溫柔是此刻與自我連結的關鍵。

✦ 807 ✦

你表露的興奮與喜悅之情，正在為你的日常生活注入驚喜和奇蹟。全心全意地擁抱這些美好吧！

✦ 808 ✦

你進入了力量的空間。請相信一切都照著神聖秩序運作，繼續專注在你的真理上。

★ 809 ★

有時候，旅程的重點不是你走了多遠、成長了多少，而是你與自我的連結有多深。願意保留時間給自己的你，真的很棒！

★ 810 ★

在追尋歸屬感和生命意義的旅程上，神會一直支持著你。

★ 811 ★

你的道路正在擴展。一切都完美配合、相輔相成，讓你的夢想順利化為現實。

★ 812 ★

你正在經歷的生命課題，源自於一段還沒被處理的關係，或是與關係有關的傷口。為了避免不必要的阻礙，務必在繼續前進之前，先找到根本原因。

★ 813 ★

展現最真的自我、表達你的喜悅、尋求讓你快樂的一切，就能迎來宇宙的支持。

★ 814 ★

在你未來的旅程上，你的天使將扮演更重要的角色。要知道當你與世界分享天使之光，你也體現了更崇高的目的。

✦ 815 ✦

　　天使正在與你分享展開新旅程的機會。別忘了，你永遠有選擇的自由，而天使鼓勵你選擇自己熱愛的路。

✦ 816 ✦

　　宇宙鼓勵你以和平之心行事。在繼續前進之前，先試著用對方的角度看事情。你會從中有所學習。

✦ 817 ✦

　　你即將獲得的經驗與機會，能讓你與更崇高的意義連結。準備好成就偉大、創造美善吧！

✦ 818 ✦

天使指引鼓勵你在採取進一步行動之前，先與自我對話，想清楚你希望目前的狀況如何發展。

✦ 819 ✦

天使指引鼓勵你在做進一步決定之前，先問自己什麼能帶來最大的喜悅。

✦ 820 ✦

未來的路如何開展，取決於你能否相信神的計畫，並放下有礙你成就偉大的狹隘思維。

★ 821 ★

宇宙正在引導你花點時間投入靈性遊歷（journeying）與做夢，將可能阻礙你發光的意念或意圖澈底清除。

★ 822 ★

你此刻的振動頻率，能照亮身旁某個人的世界。別忘了，你心中有光，這道光能點亮別人的心燈。今天，請你全心全意地投入友情和所有關係。

★ 823 ★

你目前的狀況即將找到解決方法。要知道天使和揚升大師正在引導你邁向更崇高的意義。

✴ 824 ✴

你的天使正在用和諧之光照亮你目前的情況。要知道，和平與寧靜的能量已近。

✴ 825 ✴

看見你願意臣服，放下讓人心力交瘁的過往事情，你的天使非常開心。眼前的路寬廣無比。

✴ 826 ✴

花點時間與你愛的人和愛你的人深度交流，能幫助你重新點亮心中的光。你值得被好好珍惜。

★ 827 ★

請相信你看見的徵兆是神性想告訴你：你確實走在對的路上，神支持你的旅程。

★ 828 ★

你的天使在你身旁飛舞，慶祝你在個人成長和工作上的成就。花點時間肯定自己的努力吧！

★ 829 ★

在你旅程的下一階段，你將與過去偉大的女性聖者、神靈與上師連結，接引祂們的聲音和訊息。祂們已經來到身邊。成為神聖女性的地球代言人吧！

✹ 830 ✹

你的每一個生命經驗都不是偶然。天使指引鼓勵你相信你的力量、目標與道途。你是世界上不可或缺的一道光。

✹ 831 ✹

揚升大師鼓勵你調整頻率，與祂們連結。祂們為你準備了深具智慧的訊息，能幫助你提升靈性覺知力與理解力。

✹ 832 ✹

宇宙鼓勵你花點時間與自我連結，才能進而與神的計畫連結。

✦ 833 ✦

耶穌此刻與你同在，並希望你明白，祂正在帶領你前進。你的心中有光，能戰勝眼前的所有黑暗。

✦ 834 ✦

在你的生命擴展旅程上，天使一直在身旁支持、守護著你。

✦ 835 ✦

擁抱改變，並知道此刻生命中的一切都照著神聖律法運作。

✦ 836 ✦

　　你的天使鼓勵你為歡笑與幸福創造空間。你一直守著過於嚴肅的能量，但它此刻遮蔽了你的光和天賦，放下吧！

✦ 837 ✦

　　你一直以來祈求獲得，也不斷努力追求的事物，正在透過你的生命經驗顯化。請相信宇宙正在引導你邁向最完美的結果。

✦ 838 ✦

　　你目前的經驗是來自過去的回音，反映了前世記憶與今世的過往經驗。啟動你的靈性覺知，感應此刻的神性訊息，以及能被療癒的過往模式或創傷。

★ 839 ★

你正在與神聖女性合一。這股能量正在引導你敞開心胸，以開放的心態擁抱神聖旨意。

★ 840 ★

你不需要自己想出下一步怎麼走。相信神和你的天使，因為祂們正在帶你邁向喜樂與成長。

★ 841 ★

找回你的天賦、肯定你的本質，是現階段的重要功課。當你記得最真實的自己，眼前的路便會順利展開。

✷ 842 ✷

花點時間讚美你愛的人，肯定他們的天賦與能力。他們現在需要你的光與正能量。

✷ 843 ✷

你的天使鼓勵你用靈魂的眼睛去看。看見你的生命盛開美妙與機會的花朵，接著感受顯化的實相。

✷ 844 ✷

你的天使現在需要你的同意，才能主動介入，提供神聖指引。如果你準備好讓天使帶你踏出下一步，就呼求祂們的協助與支持吧！

★ 845 ★

　　大天使麥可已經在一旁等待，準備用安全與愛的光，幫助你排除生命中的負能量與阻礙。現在就請求祂的協助吧！

★ 846 ★

　　天使鼓勵你用心覺察自己的身體和能量。自我覺知是提升自我價值與連結的關鍵。

★ 847 ★

　　你目前的經驗是過去的行為和意圖顯化的結果。天使指引鼓勵你檢視內心，驅走嘲諷自己、貶低自我天賦的意念，才能吸引美好的經驗，帶自己往喜悅揚升。

✦ 848 ✦

你的人生目標正在擴展。你從過去到現在的每一步，都有天堂支持著。你正在做對的事。

✦ 849 ✦

你的天使鼓勵你繼續用心覺察情緒，發掘來自過去、你還無法釋懷的感受。放下這些情緒，才能將未來的路看得更清楚。

✦ 850 ✦

靈性豐盛法則正在加速你的旅程擴展。準備好迎接奇蹟時刻吧！

★ 851 ★

當你想起自己的天賦，並堅信你需要的一切已經在你心中，眼前的路便會化為邁向成功的坦途。

★ 852 ★

你與他人的互動或關係也許遭遇困難或挑戰，但是唯有解決這些難題，你才能進一步成長、體驗更多喜悅。

★ 853 ★

宇宙邀請你對神聖計畫懷抱信念。請相信你的每一段旅程，都是為了幫助你體現至善與真理。

✴ 854 ✴

你越能相信、越能臣服，就越能拓展空間，讓喜悅
流入心中。現在就懷抱信念吧！

✴ 855 ✴

機會正在快速顯化到你的生命中，為你帶來充實的
靈性體驗，開拓財務豐盛的路。

✴ 856 ✴

宇宙正在引導你停下腳步，別再盯著前方的路，先
享受此刻的旅途風景。你的天使已經來到身邊，與祂們
連結。

★ 857 ★

宇宙正在引導你記得你的心與情緒蘊含深刻力量。你的意圖與信念所聚焦的事物，必定會在生命中顯化。

★ 858 ★

你身處於能量漩渦之中，內心所想的一切都在快速顯化。你的天使鼓勵你與自己的目標連結、感受祂們的臨在，好讓正向經驗得以顯化。

★ 859 ★

你正處於靈性高速成長的階段。仔細覺察，你的第三眼正在打開，好讓你看見深具啟示的預知異象，幫助你在旅途上順利前進。

✦ 860 ✦

神的光與愛一直支持著你，不要忘記了。

✦ 861 ✦

你的能量和健康是你最珍貴的資產。天使智慧鼓勵現階段的你盡最大的努力照顧自己。

✦ 862 ✦

宇宙鼓勵你讓生命中的關係有進一步發展。當你願意全心投入、展現脆弱、真誠溝通，便能感受自己值得的愛。

✷ 863 ✷

你正在吸引的美好機會，能為你帶來喜悅，對世界萌生全新的愛。好好把握這一刻，勇往直前。

✷ 864 ✷

你的天使鼓勵你聆聽此刻內心顯現的神聖指引。別忘了，你值得領受來自神性的訊息。

✷ 865 ✷

天使希望你明白，在財務與物質生活方面，最壞的情況已經過去。天堂鼓勵你相信，你一直在往豐盛與支持前進。

✴ 866 ✴

停下來，你正在偏離最初的意圖和對你有幫助的事物。天使智慧鼓勵你回歸自己的路，劃清界線，遠離不必要的麻煩。

✴ 867 ✴

你正在經歷美妙的奇蹟時刻。繼續連結愛的能量，全心投入你正在做的事情。你的努力與決心已經被看見，天堂也與你同在，幫助你顯化好的結果。

✴ 868 ✴

眼前路上的所有障礙都正在被排除。這是暢行無阻、感覺完整的時刻。你的天使鼓勵你看見自己的蛻變，擁抱全部的自己。

✶ 869 ✶

你的道路正在帶你進入安全的空間，讓你能放心做最真實的自己、解放內心最深處的靈魂。要知道當你釋放心中的一切，就為奇蹟和療癒創造了空間。

✶ 870 ✶

神正在支持你顯化你需要的一切，讓你活出充實、喜樂的人生。

✶ 871 ✶

你的天使鼓勵你將此刻的注意力拉回自己身上。持續專注於你的成長，便能感受到決心散發的正能量。

✴ 872 ✴

你與他人的關係和連結，正在為你顯化機會，帶來更多夥伴、朋友與合作。請相信在你旅程的下一階段，你會與跟自己一樣優秀、能幹的人共同創造。

✴ 873 ✴

天使智慧鼓勵你遠離讓自己分心的因素，回到自己、回到當下。排除干擾來源，重新與內在的魔法力量連結。

✴ 874 ✴

天使正在你身旁飛舞，唱著美妙動人的歌曲。要知道神性正在慶祝你的美好，你內心的渴望也即將顯化。做好準備，換你慶祝了。

✴ 875 ✴

　　驚喜與慶祝的能量正在填滿你的生活。你的天使鼓勵你用最樂觀的心、最飽含愛的雙眼往前看──你即將有所突破。

✴ 876 ✴

　　天使智慧鼓勵你明白，你現在遇到的挑戰是難得的機會，能幫助你找回力量，並打從心底相信：「Yes！我準備好發揮力量了。」

✴ 877 ✴

　　祝福天使正圍繞著你，用祂們的能量填滿你的生活。敞開心胸、展開雙臂、張開雙眼便能感受到祂們的美妙。

✷ 878 ✷

　　你的天使鼓勵你讓自己的意念、意圖與行為，持續和真理與真誠的能量相結合。繼續專注於你最初的目標與信念，並知道天使會揭示你需要的答案。

✷ 879 ✷

　　天使指引鼓勵你花點時間回歸內心世界，好好照顧自己的心理與情緒健康。

✷ 880 ✷

　　神與你同在，也在你心中。祂已為你排除阻礙，照亮眼前的路。

✦ 881 ✦

宇宙鼓勵你在繼續前進之前，先看看自己一路走來的成長。此刻的你需要耐心。

✦ 882 ✦

如果不是那些照亮你生命的人，你的旅程將截然不同。天使智慧鼓勵你對一路上支持自己的人表達愛與感謝。

✦ 883 ✦

投入奉獻和禱告的努力，會幫助你的靈魂擴展，讓你在未來的路上感覺受到支持。永遠別小看你心中與神和天使的連結。

✦ 884 ✦

自由天使正圍繞著你，幫助你消除恐懼與擔憂，勇敢前行。你獲得了全新的自信與信念。

✦ 885 ✦

你的天使鼓勵你在做出任何改變之前，先花點時間蒐集資訊，分析不同選擇。多一分謹慎，評估需要的事物，再著手開始。

✦ 886 ✦

你的旅程需要你展現力量。要知道，當你一心想著做最真實的自己，為眾人做對的事，你的力量會永遠與神聖計畫完美呼應。

★ 887 ★

天使正在為你疏通前方的路；你先前的疑慮不再是
問題了。向前走吧！

★ 888 ★

你的人生目標和願望彼此調和，相輔相成。你正在
做對的事，並走在光的道途上。

★ 889 ★

做一個光行者是你的天命。花點時間與自我連結，
成為你天生注定要帶給世界的光。

✦ 890 ✦

神正在支持你發掘你的靈性天賦。

✦ 891 ✦

宇宙鼓勵你明白，與自我重新連結是下一段旅程的重點。花點時間回歸內心世界吧！

✦ 892 ✦

花點時間照顧自己，坦白表達自己能為關係付出多少，是現階段的重要課題。宇宙鼓勵你好好愛自己。

★ 893 ★

前方的路也映照出你內心的路。你花越多心思、越多能量來追求自我實現，你的旅程中也會有越多光明。

★ 894 ★

你的天使鼓勵你繼續創造與祂們連結的空間，並敞開心胸領受神性訊息。你擁有與天堂連結的美好天賦。

★ 895 ★

請相信宇宙一直照著你的意圖和神聖計畫運作，為你提供需要的一切。沒有什麼是你應付不來的。

✦ 896 ✦

務必抽出時間，好好消化你近期接收到的靈感與洞見。它們是來自靈魂的禮物。

✦ 897 ✦

你正在啟動點石成金的超能力。你觸碰的一切、意念聚焦的一切，都將變成黃金。

✦ 898 ✦

你的禱告正在獲得回應，你的意圖也正在顯化，務必讓心中的希望、夢想和願望與至善的最高能量連結。

✦ 899 ✦

你的能量已經與內在佛陀同頻。與這位偉大的內在導師連結，跟全世界分享祂的訊息。

✦ 900 ✦

神認同你，也肯定你的靈性道途。

✦ 901 ✦

看你終於給自己值得的愛與肯定，神非常感謝你。

✦ 902 ✦

神正在以神性之愛祝福你、你的家人和關係。

✦ 903 ✦

要知道神正在幫助你的靈魂擴展，好讓你從「心」認識你的天使。

✦ 904 ✦

天使已經與你靈魂的頻率相結合。要知道你現在接收到的訊息，直接來自神的中心。

✦ 905 ✦

擁抱此刻生命中的轉變；它們是來自天堂的祝福。

✦ 906 ✦

花點時間找回信念之心，將所有顧慮交給天堂，就能準備好體驗奇蹟。相信神吧！

✦ 907 ✦

你所尋找的答案已經在你心中。別小看你靈魂的智慧——用心聆聽，就能聽見你需要知道的一切。

★ 908 ★

宇宙鼓勵你調整頻率，讓自己的路與照亮你靈魂的事物相結合。

★ 909 ★

你的頂輪正在打開，好讓你感受、接引神的愛。

★ 910 ★

你正在讓自己的能量系統與神和宇宙同頻共振。保持活潑、飛揚的心，讓自己維持高頻振動的狀態。

✦ 911 ✦

你與過去、現在與未來的一切生命之間，有著無限廣大、宇宙層級的連結。發掘此刻與你同頻振動的智慧，連結其中的力量。

✦ 912 ✦

要知道，你所做的靈性修持為你的生命注入了正能量和療癒，你的關係和與他人的連結更受到深深祝福。

✦ 913 ✦

你的天使鼓勵你相信此刻內心接收到的訊息，以及與靈魂有關的資訊。

✦ 914 ✦

在一天當中騰出時間，深入內心世界，並邀請你的天使來到身邊。祂們就在一旁等待，準備協助你展開生命旅程、實現靈性成長。

✦ 915 ✦

你對真理的堅持正在為你開啟機會之窗，幫助你感受更強烈的喜悅。

✦ 916 ✦

你的天使對於你思考的高度表示讚賞。你保持樂觀正向、維持心靈和諧的努力，現在將開花結果。

★ 917 ★

你的天使正在為你開啟通往新開始與新機會的大門。擁抱改變吧！

★ 918 ★

宇宙鼓勵你看見自己深刻的靈性連結與生命成長。好好肯定你現在的模樣，能幫助你活出更完滿、更神奇美妙的人生。

★ 919 ★

你的靈性正在快速成長。所有黑暗都已褪去。光明已經降臨。

✦ 920 ✦

浪漫天使已經來到你的生命中。準備好被拉進愛的懷抱，享受關係與伴侶之間的神性連結吧！

✦ 921 ✦

和諧天使正在你身旁飛舞，為你清理能量，讓生活回歸寧靜舒心。

✦ 922 ✦

繼續擁抱自己、接納自己，生命自然會綻放美麗。隨著你步入旅程的下一階段，天使智慧鼓勵你給自己需要的愛。

✦ 923 ✦

你正在看見徵兆，並與天堂國度連結。你心中的愛是開啟這份此連結的金鑰。

✦ 924 ✦

天使和大天使都圍繞著你，給予滿滿的祝福。

✦ 925 ✦

面對目前的情況，天使智慧鼓勵你持續對準至善的能量，專注於最好的結果上。你的禱告和正能量是讓結果顯化的必要元素。

✦ 926 ✦

勇敢追求內心渴望看見的改變。這些改變不是白日夢，而是天使傳達的神聖靈感。

✦ 927 ✦

要知道你的禱告已經被聽見，而答案會在最完美的神聖時刻出現。

✦ 928 ✦

你正在接收神性智慧與指引。你聽到的一切並不是幻想，而是來自天堂的訊息。

✦ 929 ✦

你正在進入平靜、和諧的空間。把握這個機會,透過正念與自我照顧修復能量。

✦ 930 ✦

你擁有神賜予的療癒天賦,宇宙鼓勵你與世界分享這項天賦,活出更有意義的生命。

✦ 931 ✦

天使智慧鼓勵你以原諒別人的心原諒自己。花點時間觀照內心,放下你也許還沒釋懷的怨恨或委屈。唯有如此,你才能感受頻率揚升,與神性連結。

✦ 932 ✦

愛與親密的豐沛能量此刻圍繞著你的關係。

✦ 933 ✦

耶穌已經來到身邊，幫助你快速揚升。你正在跨越曾經困住你的過往事件。束縛的枷鎖已經斷開，自由終於來臨。揚升吧！

✦ 934 ✦

你的天賦、才能與光正在由內而外綻放。天使鼓勵你自信前行，展現最真的自己。

✴ 935 ✴

　　你的天使鼓勵你慶祝生活中的改變。要知道，你的旅程正在順利展開，一切也在最完美的時刻發生，讓你能與人生目標連結，活出你的天命。

✴ 936 ✴

　　繼續向前，並相信你的天使與你一路同行。信念能為你的道路與生命注入奇蹟的能量。

✴ 937 ✴

　　天使智慧鼓勵你探索夢境和異象，領受神性想傳達的訊息。充滿啟示的訊息正在顯現，幫助你顯化心中的意圖。

✦ 938 ✦

天使智慧鼓勵你明白，克服眼前的挑戰，能幫助你從前世的業力和恐懼中解脫。呼求業力之主（Lords of Karma）的協助，讓你徹底釋放過往的印記。

✦ 939 ✦

你已經與神性之聲和能量連結。要知道你承載著神性之愛，務必好好照顧自己的身體，因為那是盛裝你靈魂的容器。

✦ 940 ✦

看見你此刻愛自己、照顧自己的舉動，神和天使非常感謝。

★ 941 ★

宇宙鼓勵你明白，你的天使一直在聽你訴說。你永遠不是孤單一人。

★ 942 ★

你正在與你的守護天使培養強大又深邃的連結。相信你聽見與感受的一切。

★ 943 ★

你的指導靈就在身邊，溫柔支持著你。

★ 944 ★

天使正在幫助你發掘先前遺失或被遺忘的天賦，重新綻放靈性光芒。此刻的你有很高的機率能接引來自靈界的洞見與異象。

★ 945 ★

在你深入探索靈魂、發掘靈魂天命的同時，大天使正在一旁保護著你。

★ 946 ★

平衡天使鼓勵你維持規律的生活節奏，活出與靈性的連結。遠離耗損能量的情況，專注在帶給你活力的事情上。

✷ 947 ✷

　　意圖的能量是現階段的關鍵。你的意圖正在塑造你的生命經驗，因此天使鼓勵你釐清內心的渴望，思考自己想活出什麼樣的人生。

✷ 948 ✷

　　要知道，你正在感應深刻的洞見與降示，領受有關生命道途的智慧。你需要的真理正在向你顯現。

✷ 949 ✷

　　聖靈正在填滿你的心之聖杯，直到愛的能量滿溢而出。要知道你值得擁有奇蹟。

✦ 950 ✦

近期發生的轉變都是神的旨意與安排。相信這一切背後存在更宏大、更崇高的意義。

✦ 951 ✦

宇宙正在引導你作自己心靈的主人。專注在你的渴望上，拓展你的視野。

✦ 952 ✦

宇宙正在引導你面對當前的阻礙，因為成功克服之後，你夢寐以求的魔法便能顯化。保持心神專注。

★ 953 ★

如果想擴展靈魂，你必須前往內心深處，勇敢直視自己的恐懼。但是也要知道，你正處於靈性蛻變的關鍵時刻，很快就能揚升高飛。

★ 954 ★

你的天使鼓勵你在適應改變的過程中，好好照顧自己。溫柔善待自己，適時給自己鼓勵與肯定。

★ 955 ★

你正在體悟深刻的真理；這個過程正在創造強大的轉變能量，讓你的靈性自我解放。展露你的天賦，體會豐盛吧！

✴ 956 ✴

你付出的努力正在開花結果，生活也逐漸回歸平衡。你所給予、曾給予的一切，都會回到自己身上。

✴ 957 ✴

保持對夢想、願景與意圖的熱忱——你距離顯化已經無比靠近。要知道你的堅持一定會有收穫。

✴ 958 ✴

無上保護的能量正圍繞著你。宇宙鼓勵你明白，即使事情發展不如預期，你仍是安全的。此刻路上也許有些顛簸，但一切很快會恢復順暢。

✴ 959 ✴

　　天堂請你積極行動。祂正在引導你與世界分享你的人生使命。你擁有作為眾人榜樣的機會。好好把握。

✴ 960 ✴

　　神鼓勵你明白，你提升心靈的努力，已經為你清理了淤積的能量，排除家族關係中的舊有阻礙。過往的創傷已獲得療癒。

✴ 961 ✴

　　你的光正在被點亮。用盡全力綻放光芒，並知道你的頻率已經對準至善。

★ 962 ★

在設定未來的意圖之前，先花點時間想想讓你感到愛與連結的一切。宇宙正在引導你更用心體察生命中重要的人與事。

★ 963 ★

從心靈洞穴裡走出來。你有重要的東西能與世界分享。相信內心的直覺，解放你的內在導師。

★ 964 ★

你正在與靈界建立強大的連結。天使正在透過直覺對你說話，務必相信你聽到的一切。

✦ 965 ✦

宇宙正在引導你別再沉迷於物質享受，因為這種意念阻礙了豐盛的能量，讓你的生命無法獲得祝福。向宇宙臣服，讓魔法流入心中。

✦ 966 ✦

為了提升覺知，務必面對最真實、最赤裸的自己。

✦ 967 ✦

你的真我是你的老師。要知道，當你勇於捍衛自己的信念，便能顯化美善的經驗，為你帶來更多神和天使的支持。

★ 968 ★

你的天使鼓勵你呈現自己善感、柔軟的一面。你進入了全心接納自我的空間。讓你的美好也被他人看見、接受吧！

★ 969 ★

你的能量閃爍金色光芒，並與神聖煉金術和魔法的能量同頻共振。為此，你的靈魂正在吸引機會，幫助你體驗奇蹟般的轉變。

★ 970 ★

神鼓勵你明白，在旅程的下一階段，你需要好好愛自己、接受自己。

★ 971 ★

　　神聖指引鼓勵你選擇充滿愛的意念。看見自己的神性價值。勇於擁抱愛、分享愛、感受愛。

★ 972 ★

　　好好休息、充電對此刻的你非常重要。宇宙也在引導你肯定自己的敏感天賦，因為自然流露內心的脆弱，能幫助你支持他人。

★ 973 ★

　　天使與揚升大師在你的四周灑滿金色的智慧之光。祂們正在引導你了解，你所尋找的答案其實就在心中。

★ 974 ★

你的天使鼓勵你明白，你來到了一個階段或循環的終點。祂們請你放心相信，讓祂們帶你邁向下一段旅程。過往的幻象正在被揭開、釋放。

★ 975 ★

相信天堂的能量。你的天使就在身邊。

★ 976 ★

宇宙鼓勵你記得祂就在你心中，陪伴著你。當你記得自己深刻的靈性連結，靈性保護的能量會將你包圍，讓你感受滿滿的愛。

★ 977 ★

生命與魔法的力量和能量正在流入你的生活。祈求你需要的奇蹟，準備好看見奇蹟即刻顯化。

★ 978 ★

你的「法」(dharma)，你實現靈魂天命的正道，正在順利展開。不必著急，一步一步走。幸福在前方等著你。

★ 979 ★

你正在從困住你的能量索、關係、鎖鏈與因果牽連中解脫，進入力量與光的空間。

✦ 980 ✦

神正在為你指引旅途的方向。要知道你的路與神性之愛連結。

✦ 981 ✦

你正在重新發現自己的力量與光。歡迎回歸最真實的自我。

✦ 982 ✦

你的關係此刻充滿和諧與和平的能量。你先前的所有疑慮、挑戰都逐漸消散，取而代之的是愛與接納。

★ 983 ★

與地球能量再次連結。下一階段的旅程需要你安穩
接地。

★ 984 ★

你的天使團隊鼓勵你勇於表達自我，讓心中的真理
被聽見。如果你希望獲得尊重，就毫無保留地說出真心
話吧！

★ 985 ★

正義與神聖秩序的力量已經圍繞你目前的情況。天
使指引鼓勵你為所有相關的人做對的事。

✦ 986 ✦

你的振動頻率將帶你展開更高層次的學習。要知道，你目前的經驗能提供深刻的智慧。

✦ 987 ✦

天使指引鼓勵你保持冷靜，並相信一切事情都在最完美的時刻發生。唯有如此，你才能感受豐盛與魔法。

✦ 988 ✦

你的天使不曾希望你小看自己生命的重要性與力量。你有能與世界分享的特別之處。

✦ 989 ✦

你與重要的能量產生了連結。阻礙已被排除、挑戰已經釋放，你正在進入自我超越的空間。

✦ 990 ✦

你走在光與愛的道路上。神鼓勵你記得，你永遠不會受譴責，你一直是被愛著、被原諒，也被支持的。

✦ 991 ✦

回歸天堂的擁抱。花點時間禱告與靜思。誠心請求，當能獲得。

✦ 992 ✦

要知道，天堂也眷顧著你的關係。先前的所有挑戰都被排除了，好讓你無所畏懼地去愛。

✦ 993 ✦

神聖旨意正在介入。要知道宇宙正在引導你邁向幸福與真理。

✦ 994 ✦

天使正在幫助你開啟靈視力，與神性之眼連結。試著用愛和原諒的眼光看世界。

★ 995 ★

宇宙清楚知道你需要什麼，才能進入高頻。你揚升的腳步正在加快，你正在從黑暗中超脫。

★ 996 ★

愛與鼓勵的能量正在你體內流動，也從你心中不斷湧現。與世界分享你的天賦，感受生命的恩典。

★ 997 ★

你的生命頻率已經與你的天命、與更崇高的意義結合。你到目前為止所做的一切，都不是偶然。感受此刻你身上的魔法吧！

★ 998 ★

你追求成長與療癒的意圖已經顯化。慶祝自己的蛻變吧！

★ 999 ★

隨著你找回圓滿完整的感覺，聖母瑪利亞正在一旁支持你。歡迎回到你的本心。

後記

不要忘了，地球四周有很多天使環繞。你身旁也隨時都有一位以上的守護天使。你就是祂們的最高使命。祂們一心只希望你感到安全、踏實、受到保護。祂們會把握每個可能的機會來提醒你：祂們就在附近，樂於用奇蹟之光支持你。天使與你同在，是因為你就是愛，因為你值得感受愛。

無論你感應到什麼樣的數字訊息，請相信你的天使永遠在一旁守候，等著幫助你，等著帶你邁向自由與愛。只要虔心祈禱，祂們就會現身。天使絕對會回應你的禱告。

願你的天使帶來平安，在你的旅程上一路守護你。

作 者 簡 介

凱爾‧葛雷從小就有多次與靈界接觸的經驗。他才四歲時，祖母的靈魂便從另一個世界來探望他。

從小到大，凱爾總是能聽見、看見、感知超越人類感官的事物。因著這項天賦，他在青少年時期就發現了天使的力量與愛。

而今，凱爾是風靡業界、備受讚譽的天使專家。透過保持接地的特殊天賦、忠於自我的真實個性，他用平易近人的方式推廣天使與靈性的概念，運用現代觀點詮釋古老的靈性智慧，期許能幫助今日的廣大讀者。

凱爾曾擔任英國談話節目「Loose Women」與晨間節目「This Morning」嘉賓，也曾受邀接受BBC廣播電台節目專訪。他常到世界各地巡迴演講，在英國境內與歐洲的分享會向來大獲好評，門票常熱銷一空。凱爾現居蘇格蘭第一大城格拉斯哥，目前著作包含六本書與三套神諭卡牌。

聯絡方式

f **Kyle Gray**

⊙ **@kylegrayuk**

www.kylegray.co.uk

ANGEL NUMBERS

Copyright © 2019 Kyle Gray

Originally published in 2019 Hay House UK Ltd.

天使數字
來自天使的背後訊息與涵義

出　　　　版	╱楓樹林出版事業有限公司
地　　　　址	╱新北市板橋區信義路163巷3號10樓
郵 政 劃 撥	╱19907596　楓書坊文化出版社
網　　　　址	╱www.maplebook.com.tw
電　　　　話	╱02-2957-6096
傳　　　　真	╱02-2957-6435
作　　　　者	╱凱爾・葛雷
譯　　　　者	╱謝孟庭
責 任 編 輯	╱周佳薇
校　　　　對	╱周季瑩
港 澳 經 銷	╱泛華發行代理有限公司
定　　　　價	╱380元
初 版 日 期	╱2022年10月

國家圖書館出版品預行編目資料

天使數字：來自天使的背後訊息與涵義 ╱ 凱
爾・葛雷作；謝孟庭譯. -- 初版. -- 新北市：楓
樹林出版事業有限公司, 2022.10　面；公分

譯自：Angel numbers：
　　　the messages and meaning behind
　　　11:11 and other number sequences.
ISBN 978-626-7108-78-9（平裝）

1. 占卜　2. 數字

292.9　　　　　　　　　　　　　　111012306